一九四五年 鎌倉と米軍機による空襲

石井 喬

かまくら春秋社

刊行にあたって

東日本大震災・福島第一原発事故。あの大惨事から今は何年何カ月たったのでしょうか。記憶の風化がすでに恐れられています。まして何十年も前の「昭和の大戦争」の記憶を風化していない人は、私も含めて「絶滅危惧種」といえそうです。

「一九四五年に日本は戦争に負けた」といわれて、どこの国々とどう戦い、どのような加害被害があったかを語れる人がどれほどいるのでしょうか。最近の若者の中には、かつて日本がアジア太平洋戦争という長い戦争をしたことを知らない者が増えていると聞きます。米軍機の空襲により悲惨な被害があり、直接の空襲がなくても、普通の日常生活をおくることが不可能になった日々があったのです。現在の小学校の教科書にも、戦争児童文学の教材があり、中学の教科書でも『少年H』（妹尾河童　一九九七講談社、二〇一三映画化）を扱っているものがあるそうです。しかし家で戦争体験を子どもたちに語ることのできる方はもうほとんどいません。教員も戦争の話を体験者から聞いたことのない者が大部分でしょう。

戦火が直接及ぶことのなかった鎌倉でも、連日連夜の空襲への恐怖や食料不足などから、庶民の生活はすさんでいきました。鎌倉文士の日記などから、空襲のほとんどなかった鎌倉の当時の日常の有り様をまとめておくことも意味のないことではないでしょう。『内心、「日本は戦争をしたらいい」と思っているあなたへ』という本（角川ＯＮＥテーマ21新書）も出版されました。戦争をすることのできる国に再び復古したいと考えている人々もいます。憲法九六条や九条の改定を望む人も少なくないようです。戦争をするためには、人々の言論や思想を自由にしておいてはいけないでしょう。かつては治安維持法という凶悪な法律があり、自由は抑圧されていました。その法律が鎌倉にいた人々にどのように適用されたかも見ておきたいと思います。

文中の年号表記は西暦にしました。元号を使うと、昭和〇〇年といわれても、すぐには何年前とわかりにくいと考えたからです。また、引用文には「　」を付し、その引用文中の原書注には〈　〉を、著者による補注には（　）を付けました。

◉目次

八雲神社
円覚寺
北鎌倉駅
東慶寺
明月院
山ノ内
浄智寺
招寿軒
建長寺
覚園寺
島木健作邸
二階堂
亀ヶ谷坂切通し
小林秀雄邸
川端康成邸
香風園
西御門
荏柄天神社
浄光明寺
瑞泉寺
永井龍男邸
鎌倉宮
鶴岡八幡宮
英勝寺
雪ノ下
大倉幕府跡
久米正雄邸
壽福寺
八坂大神
大佛次郎邸
杉本寺
浄妙寺
二楽荘
宝戒寺
北畠八穂邸
鎌倉文庫
吉野秀雄邸
小町
御用邸
鎌倉警察署
報国寺
鎌倉駅
林房雄邸
江ノ電鎌倉駅
中村琢二邸
浄明寺
本覚寺
妙本寺
石橋湛山邸
小島政二郎邸
大町
妙法寺
和田塚
元八幡
安國論寺
乱橋材木座
九品寺
補陀洛寺
光明寺

関連地図
1945 年ごろの鎌倉

参考：昭和 21 年の「鎌倉市」地図
（鎌倉中央図書館蔵）

一九四五年　鎌倉と米軍機による空襲

四人の文士の日記から

アジア・太平洋戦争の末期、一九四四年（昭和十九）秋以降一九四五年（昭和二十）八月敗戦まで、日本各地は来襲した米軍機により、激しい空襲を受け、苛酷な被害を出した。しかし『鎌倉市史近代通史編』によると、「幸いにも、鎌倉地域の空襲は少なく、被害はさほどではなかった」とされている。一九七〇年代になって、東京をはじめとして全国各地に空襲の被害などを記録して遺そうという市民運動が起き、空襲を記録する会が作られ活動するようになった。県内では、横浜市、川崎市で、市当局が空襲体験記などを集め出版した。横浜市でその作業に当たった中心は、市民団体「横浜の空襲を記録する会」だった。その後も同様な市民団体は、横浜市鶴見区、磯子区、平塚市、川崎市中原区などにも結成された。小田原市では「戦時下の小田原地方を記録する会」が現在も活発な活動を行っている。しかし鎌倉市では被害が少なかったこともあり、体験記などを集めることもなかった。では鎌倉の記録を遺す必要はないと言っていいのであろうか。被害が少ないとは言え、皆無だったわけではない。記録を遺すことは大切である。幸い鎌倉には、四人の文士の書いた戦時中の日記が残っている。それらの日記を中心に、「銃後」だったはずの国内さえもが戦場になりつつあったことにより、市民の日常生活の破壊が余儀なくされていった状況を見てみたい。文士の日記を使用する時はそれぞれ、「大」「高」「島」「吉」という形で出典を示した（〔 〕内は住んでいた所）。

「大」＝大佛次郎『敗戦日記』草思社　一九九五〔一八九七年生まれ、雪ノ下、現在の大佛茶邸と道を挟んで反対側〕

「高」＝高見 順『敗戦日記』文春文庫　一九九一〔一九〇七年生まれ、北鎌倉、善応寺谷戸〕

大佛次郎
（写真：鎌倉文学館提供）

高見順
（同右）

「島」＝島木健作『昭和二十年日記』（島木健作全集、一九四五年六月四日まで）国書刊行会　〔一九〇三年生まれ、扇ガ谷、亀ヶ谷切通しの上り口、薬王寺近く〕

「吉」＝吉野秀雄『艸心堂日記』、雑誌「短歌研究」（二〇〇三年六～八月号、五月二十四日より八月までを活字化）〔一九〇二生まれ、小町、清川病院裏〕

島木健作
（写真：鎌倉文学館提供）

吉野秀雄
（同右）

空襲で使われた米軍の航空機・兵器

◉軍用機――爆撃機と戦闘機

［爆撃機　B25］

米軍機による本土初空襲は、日米開戦からまだ半年も経たず、日本が勝ち誇っていた一九四二年（昭和十七）四月十八日の白昼であった。日本列島に接近した米空母ホーネットに積載された、陸軍双発爆撃機ノースアメリカンB25の十六機が、ドゥリットル中佐に率いられ、十三機が関東地方を奇襲した。日本では陸軍と海軍とは仲が悪く、陸軍の中型爆撃機を海軍の航空母艦から発進させるという発想は全く考えられないことだった。このドゥリットル隊の爆撃機が鎌倉に来襲したか否かについて、市史はなにも触れていない。ところが、鎌倉市中央図書館近代史資料収集室・CPCの会『鎌倉・太平洋戦争の痕跡』（二〇〇四）（以後同書を出典とする事項については「痕」と略記する）に、一九三三年（昭和八）生まれの芹沢良治さんからの聞き取りと手記が載っている。

芹沢さんの住まいは六地蔵の近くで、父は鉄工所を営んでいた（現由比が浜一－三）。一九四二年四月当時は鎌倉第一国民学校（小学校は一九四一年から国民学校の名称となる）の三年生だった。

聞き取り

「この日、朝の十一時ころ鎌倉の上空に真昼間なのに光るものが見えた。通り過ぎてから空襲警報が鳴ったので、或いはこれがその飛行機かと思っているが、この時のサイレンは今まで聞いたことのない急襲用のものであった。」

手記

「昼ごろ、道路を隔てたお医者さんの家の車庫と、隣家二階の軒との僅かな隙間の青空に、一点きらりと光る物体が見え、子供心に星としては変だと思いながらよく見つめていると、徐々に大きく変化してこちらに向かってくる。『あっ、飛行機だ』と判るのに余り時間はかからなかった。見なれない飛行機だと思ったが、すぐ八幡宮方向へと飛び去り、まもなく、けたたましいサイレンが響きわたった。空襲警報が発令されたのである。日本が初めて空襲を受けた日のできごとであった。……十六機のうち十三機が東京を襲った。……はぐれた一機が鎌倉の上空を飛び東京を襲ったと思われるが詳細は判らない。」

一機が横須賀軍港に投弾したから、そのB25であったかもしれない。

同じく酒井富美雄さん（一九三三年生まれ、鎌倉第一国民学校三年生だった）の手記。

「校庭で遊んでいた生徒らが一斉に教室に走り込み、私もつられて急いで教室へ逃げ込んだ。その時サイレンが鳴ったかどうか、飛行機の影を見たかどうか全然記憶がないが、これが私の最初の空襲体験である。」

『鎌高の80周年記念誌』（二〇〇八 鎌倉高校）に一九四一年卒業生たちの座談会が収録されている。

原田　アメリカの飛行機が低く飛んできたのは、卒業した年ですね。
加藤　グワーングワーンって。
鎌倉でのＢ25初来襲の体験と思われるが、文面からでは日時や見た場所がはっきりしない。

【Ｂ29】
爆撃機のうち最も多く来襲し、最も大きな被害をもたらしたのが、ボーイングＢ29だった。同機は大戦中に開発された当時世界最大級の、四発のプロペラを持った航空機で「超空の要塞」と言われた（高度一万メートルで最高速度時速五八〇キロ。四トンの爆弾を積んで航続距離五三〇〇キロメートル）。日本の誇った零戦戦闘機も、速度、高度とも太刀打ちできなかった。初めは航続距離の関係で関東地方までは飛来できなかったが、一九四四年七月にサイパン島が陥落し、サイパン、グアム、テニアンなどの島々に滑走路が整備され、北海道と東北地方の一部を除き、日本全土が空襲可能地域にされてしまった（サイパン東京間約二二五〇キロメートル、Ｂ29の往復約十五時間）。

Ｂ29がいつ鎌倉上空に最初の姿を見せたのかはわからないが、一九四四年十一月一日の大佛次郎の日記では、空襲警報が出て、三時に解除された。「後で聞くと一機か二機のＢ29が京浜地区に偵察に来たらしい」と書かれている。東京が初空襲されたのは十一月二十四日の中島飛行機武蔵製作所だった。県下の記録では、十二月十四日、東京から横浜に侵入したＢ29一機が横浜市金沢地区に焼夷弾を投下したが、海中に落ちた、とされている。一九四五年になって一月九日、三機のＢ29が鎌倉郡深沢村などに被害を与えたという警察記録がある。

二月八日、高見順は日比谷公園へ撃墜されたＢ29を見に行った。「今さらながら大きいのに驚く。」そして一緒に出してあった日本の戦闘機に「今さらながらその小さいのに驚いた。」

［戦闘機］

小型で小回りがきき、地上からパイロットの顔がわかるくらいの低空飛行をし、機関銃で人や動くものなどを狙い撃ちした。小型で航続距離が短いので、列島に接近して来た航空母艦を発着する艦載機が多かった。一九四五年三月に米軍は硫黄島を占領すると、ここを基地とした長距離戦闘機P51ムスタングが使われるようになった（硫黄島～東京一一八〇キロメートル）。P51はマリアナ基地からのB29と合流しこれを護衛するとともに、機銃掃射を激しく行った。P51の速度は時速七〇三キロだった。関東地方への初来襲は四月七日だったと考えられる。

◉兵器——爆弾、焼夷弾、機関銃などが使われた

［爆弾］

爆薬（ダイナマイト・TNTなど）を使って殺生、破壊などする。横浜市への空襲では、一九四五年四月四日早朝の西区平沼町・高島町などに爆弾百九十三発、六月十日午前には中区本牧、磯子区（現金沢区）富岡町などに爆弾が投下され、悲惨な犠牲者を出した。三溪園の文化財にも被害が出た。

［焼夷弾］

爆弾は石造建造物の多いヨーロッパなどの都市を破壊することに適していたが、木や竹や紙で作られた日本家屋を攻撃するために、ガソリンなどを使い燃焼力の強い兵器として焼夷弾が開発された。最も多く使われたものが正六角形で重さ二・七キロのM69焼夷弾を三十八発ひとまとめにしたE46集束焼夷弾だった。M69は尾部にリボンが

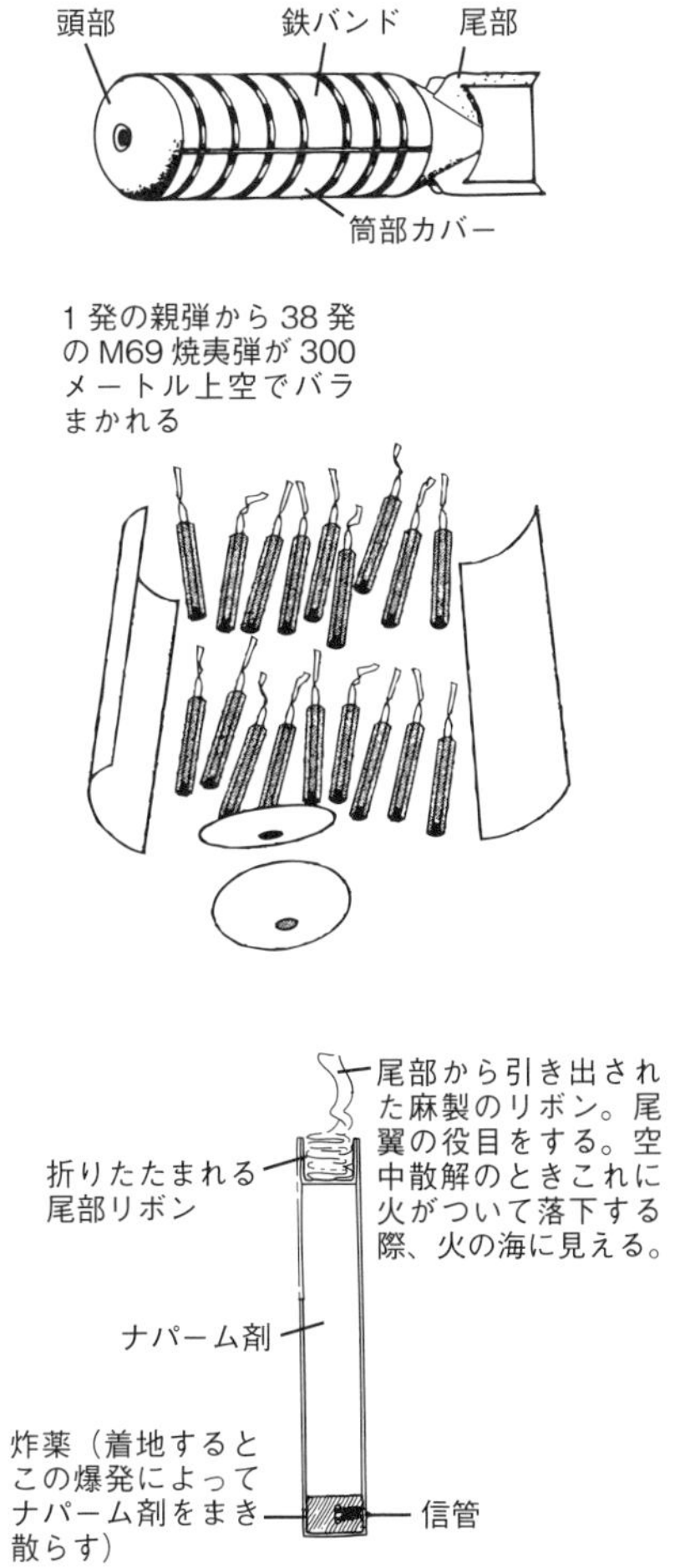

E46集束焼夷弾の構造
（『横浜大空襲展図録』［朝日新聞社発行］より）

内蔵され、尾翼の役目を果たした。リボンが落下時に燃えることで、火の雨に見えた。そして着地と同時に信管が作動してゼリー状に固めた油脂分を広範囲に吹き飛ばし、燃え上がった。

高見順は一月七日の日記に「たった一機のおとす焼夷弾で、必ず火災がおこる。そうした日本の家屋の脆さが口惜しい」と書いた。

［機関銃・機関砲］

機銃掃射は突如飛来した高速の戦闘機により行われることが多かった。逃げる暇もなく、至近距離のエンジン音や機関銃の連続発射音で市民を震え上がらせた。爆弾や焼夷弾の被害は鎌倉ではほとんどなかったが、機銃掃射の被害はいくつか伝えられている。

防空警報

空襲の危険を知らせる防空警報には、主にサイレンが使われ、警戒警報と空襲警報の二種類があった。危険がなくなったとみられると、警報解除のサイレンが鳴らされたりした。市史には一九四四年鎌倉市防空警報発令回数状況の表があり、五月二十日から十二月三十一日までに警戒警報五十九回、空襲警報二十一回が発令されたことがわかる。しかし連日のように発令された一九四五年の記録はない。残念なことである。

警報の発令は、軍司令部で米軍機の接近を把握すると、将校が警報の放送内容を決定、地下室などに設けられた放送室に伝令により運ばれ、放送員（アナウンサー）によってラジオ放送された。放送はブザーを押してから開始され、「警戒警報」「空襲警報」の発令を告げた。当時はまだラジオのない家も多かった。サイレンによる広報が必要だったのである。

警戒警報。米軍機がこちらの方角に向かっているという警報。当初はサイレンは用いなかったが、一九四三年九月からはサイレンを三分間連続吹鳴して警戒警報とした。解除は口頭だった。

昭和19年鎌倉市防空警報発令回数状況

警報発令日	警戒	空襲	警防団出動人員
5.20 ~ 22	1		1,272 人
6.15 ~ 18	1		2,720
6.18	1		180
7.4 ~ 5	1		330
8.4 ~ 5	1		722
9.19	1		300
11.1 ~ 2	2	1	940
11.3	1	1	454
11.6	1		370
11.7	1	1	424
11.24	1	1	430
11.25	1		372
11.26	1	1	310
11.27	1	1	418
11.30	2	2	496
12.3	1	1	488
12.6	1		226
12.7	3	2	828
12.8	2	1	858
12.9	3		792
12.10	1	1	420
12.11	2	1	509
12.12	3	2	634
12.13	2	1	600
12.14	1	1	340
12.15	1	1	364
12.18	2		608
12.20	3		424
12.21	1		226
12.22	2		435
12.23	2		388
12.24	1		210
12.25	1		194
12.27	2	1	525
12.28	2	1	419
12.29	1		180
12.30	2		308
12.31	3		653
合計	59	21	20,367

※「『鎌倉市史　近代史編』昭和19年事務報告書」（鎌倉市）より作成

空襲警報。いよいよこのあたりの上空に米軍機が来るという警報。初期はサイレン六秒吹鳴三秒休止を十回、後に四秒吹鳴三秒休止を十回。一九四五年五月一日から空襲の激化にともない、四秒吹鳴八秒休止を五回とした。警報解除はサイレン吹鳴を初期は一分間、後に三分間とした。

警報が出たら、退避するのか。違う。一月五日に大佛の知人が来て、「家族を疎開させ一人でいるが、警報が出ると起きて外へ出る。寝ていたら殴られますよ」という。十一日に来た別の人は、東京でのことだが、警報が出たら「どんな夜中でも起きて出て、防水桶の氷を割り、戸を開けて監視に立つ」と言った。

「大」P．251——「極端に云えば刻々死に直面している現状を人が意外に苦にせぬものだ。なるようになれと思っているせいもあるが感覚が漸次調節され慣らされて来るのである。ただ女などは小島政二郎（一八九四〜一九九四、小説家、比企ヶ谷在住）の細君のように敵機が東京にいても発熱し家の中をうろうろ行ったり来たりするという例もある。困ると政二郎云う。」

サイレンの音に空襲への恐怖の思いを持った人の中には、戦後数十年たってもサイレンの音を嫌がり、甲子園などの高校野球に使われるサイレンなども聞きたくないという人がいた。また焼夷弾の落下を見た人の中には、夜空への打ち上げ花火に、華麗な美しさよりも焼夷弾のリボンによる火の雨の恐ろしい思い出がよみがえり、花火を見たくない人もいた。戦後五十年経っても、六十年経っても、空襲の恐怖に捕らわれている人がいるのである。

一九四五年の鎌倉での警報発令・解除の回数などはわからないが、『横浜の空襲・戦災』第一巻には横浜市磯子区杉田町南部町内会の、一九四四年十一月一日から一九四五年八月十八日までの詳細な「警報・空襲記録」が収録されている。一九四五年になって警報が発令されなかった日数を数えると、一月＝十二日、二月＝九日、三月＝十一日、四月＝四日、五月＝六日、六月は二十五日まで＝十日、という様に、発令されない日もあった。しかし六月二十六日から終戦後の八月十八日までは一日の休みもなく連日警報が発令された。鎌倉でもほとんど同様であったろう。「吉」七月九日＝「近頃、ひるも夜も警報也。ただ〳〵警報也。」

鎌倉には「監視小屋」があった（「痕」）。「由比が浜二丁目の山階宮邸を出たところに砂丘があって、その上に七〜八メートルの高さの監視小屋があった（現在の鎌倉消防署の前の若宮大路をはさんで向かい側）。ここには軍隊ではないが、青年団が交替で相模湾を監視していた。」監視所は最初は郵便局の屋上に設けられ、井上蒲鉾店の店員や炭屋の小僧さんが、徴用逃れのために志願したという（臼井広光氏談）。一九四三年三月二十五日、「滑川河口の右岸砂丘に建設する対空監視哨の地鎮祭を行う。これは以前に鎌倉郵便局屋上に設置されていたが、いつできたかは不明」（『鎌倉近現代史年表稿』）。どのような役割をなしていたのかは、記述がない。

空襲・戦災を記録する会全国連絡会議が『空襲通信』という冊子を発行している。その十三号（二〇一一年八月）に新妻博子「米軍資料と防空監視哨の照合から」という論文が載っている。静岡県には七十か所の防空監視哨が設置されていたとある。神奈川県での防空監視哨についてはどこにどのように設置されたのかなどの研究はあったのだろうか。

灯火管制

警報が出ると、灯火管制と言って、明かりを暗くし絶対に屋外に明かりが漏れてはいけないとされた。室内の電球には覆いをかけたり、光が広がらずに直下しか照らさない特殊な電球が使われたりした。街灯は消され町は真っ暗になった。

一九四四年十二月八日、大佛は二楽荘（中華料理店、現存）へ行こうとしたが町は真っ暗。段葛を横切る道がわからず、一度家へ戻って懐中電灯を持ち出した。前年四月の灯火管制強化で、市内の街路灯はすべて廃止されてしまった。

一月二十九日、島木健作を深田久弥夫人の美代（作家北畠八穂、一九〇三〜一九八二、二階堂歌の橋近く）が来訪した。カリエスを患っていた美代を、山形から来た女中が、子供のように軽々と背負って冬の月夜を帰って行った。月夜といっても、灯火管制下の夜道は暗かっただろう。

二月十六日夜十一時過ぎ、執筆中の大佛次郎の門を警防団の人が叩き、二階から光がもれているといい上がって来た。電球は外され持ち帰られてしまった。電球は翌朝町の警防団長が注意がてら届けてきたが、電球に「此電球大佛次郎」と朱で書いてあった。大佛は「懲役から帰って来た感じである」と日記に書いた。他の家へは土足で入って外して行ったと聞いた。三月五日　散歩に出た高見は、夕暮れのなかに浮かび出ている、狭い道の両側の、灯を隠した真黒な人家が、何か戦線の廃屋のような感じで、ギョッとした。

『戦争と鎌倉人』の座談会で次の発言があった。「最後の年に、段葛の桜を切る話が持ち上がって騒然となりました。戦争末期の桜は熟年の桜で、今の二倍以上のボリュームがあり、真っ白くきれいに夜目にも浮き上がっていた。それに満月があたると、八幡様が標的になる。しかし、御神体同然の桜を切るとは何事か、誰が言ったかなどと殺気立っていた。」米軍はレーダーを使用して暗夜でも爆撃できることを庶民は知らなかったのだろう。四月三日　島木は逗子に知人花見達二（一九〇三〜七〇、新聞記者・

政治評論家）を訪ねた。病気であった島木が横須賀線に乗るのは一九四一年以来久しぶりのことであった。夜九時過ぎに辞去したが、帰りの夜は暗く道を踏み外しそうになった。街灯などは一切なかったのであろう。

警報の発令が頻繁になると、夜も着替えないで、そのますぐ退避できるようにして寝る人も多くなった。寝間着を着ても、灯火管制の暗闇ですぐ着替えられるよう、衣服はきちんとたたんで、貴重品とともに枕元に置き、手探りでも着られるようにする習慣がつけられた。

八月十五日敗戦当日の夜、人々は自主的に電灯をつけ明るさが戻った。ただし一切の管制が解除され、電灯門灯も点じてよいとされたのは、十九日正午のことだった。「吉」＝「明るくしたくも電球なく、二階へ上がりて見廻しても燈火の洩れたる家二三のみ。」

焼夷弾

多くの都市を焼き払った焼夷弾が鎌倉に投下された記録としては、一九四五年五月二十三日夜のことが『鎌倉・太平洋戦争の痕跡』に十二所の金井茂さん（一九三二年生まれ）からの聞き取りで記されている。十二所は現在のような住宅地ではなく、田が多かった。

「ゴロン・ゴロンとB29が飛んで来て、ゴオーッという音とともに大量の焼夷弾が束になって落ちてきた。飛行機の飛んできた方向が東京方面からであるので、おそらく『帰りの駄賃』〈積載量を減らす目的で、東京方面で落とし損なったものを処理するため〉ではなかったかと思われた。十個ぐらいの火の玉が十二所の前山〈現在の鎌倉霊園近辺〉から浄明寺にかけてポンポンと並んで落ち、途中で束が弾けて丁度花火大会の枝垂れ柳のように落ちてきた。低空で落としたためか個々の焼夷弾は発火するに至らず、不発弾として土中へ大量に突き刺さってしまった。落ちた所は、十二所から朝比奈へ向かう県道の右側山寄りの場所で、光触寺の裏から明石谷、積善までの山や田圃の中だった。集落からそれたのが幸いで、家や人畜には被害はなかった。しかし直接の被害は無かったものの、田植え前の田圃へ無数に刺さっているものだから、田圃一面が油まみれとなりその処理に追われた。」

機銃掃射

機銃掃射についての記述は何件かあるが、日付がはっきりしないものが多い。

鎌倉市教委『鎌倉教育史』（一九七四）の記述を引用する。

「第一国民学校長であった池上敏郎氏は、空襲警報下、帰宅する児童を引率して長谷の大通りを歩いているとき、戦闘機に遭い、その機銃掃射を避けるため、子供たちともども商店の軒下に身を隠したこともあったと語っていた。／警報発令下、子供たちを無事帰宅させての帰途、戦闘機の低空飛行に遭い、えんどう畑に逃げ込んで難を免れるというようなことを深沢国民学校の先生は経験している。小坂国民学校の小林リン氏は、引率帰宅させるため木陰伝いに先頭を歩いて行ったところ、一メートルほど前に高射砲の破片が落下、地面に突きささるというようなことを体験し、戦闘機の死闘を目撃したという。機関銃弾が御成国民学校の北側の校舎の二階の屋根を貫いて一階の床まで達したこともあった。」

機銃弾の弾痕は、鶴岡八幡宮改修の際、社殿の屋根裏にも残っていたということを、郷土史研究家の清田昌弘氏から聞いたことがある。

『戦争と鎌倉人』掲載の黒野のり子氏の「私の戦争体験」から。

（一九四五年三月頃のことか）「帰りがけの面白半分、駅中心に線路をうかがったその掃射は八幡宮の前あたり弾雨と呼ぶには程遠かったが、海まで出ては戻るのを繰り返しているひと組なのか、小編隊が波状に襲って過ぎるのか、その緩急の執拗さは、へっついの必勝ごはんを何とか内へ取り込もうと駆け出す母をその都度押入れへと飛び込ませた。上段から垂らした布団の奥に母子三人は小さく塊り、震え続ける家じゅうの硝子が爆音の降下とともにドロドロと躍り出すなか、ピシピシッ！と空気を切り裂く弾の音、屋根で撥ね跳ぶ薬莢の音を聞いていた。……『被害は佐助の田圃へ置き去りにされた牛一頭』（発表元不明）とされているが、私は信じていない。」

大佛次郎の日記から二件。元の女中のとよの話。「七月十九日の敵襲は二階から見ていて二階より低く敵機が見えし観ありし。犬が通っても機銃掃射を加えたという」が、これは鎌倉でのことか別の所のことかわからない。八月八日の項には「過日北鎌倉で電車が機銃掃射せられし時」とあるが、その過日というのが何日のことかはわからない。

「痕」――芹沢良治さんからの聞き取り。

「五月か六月のころ、第一国民学校に軍隊が駐屯した。一大隊二百人くらいだったと思う。……軍隊の駐屯で生徒は学校の外での分散授業となって、家庭やお寺での授業となった。」（空襲の危険を避けるため、登下校の時間を短縮する目的もあった）「われわれ六年生は下級生の机と椅子をペアで運ぶのをやらされた。成就院までの遠い距離で、今だったら親から文句が出るし、子供にこんな使役は考えられないことであるが、当時は当たり前のようにやらされ、何とも思わなかった。海岸通りに出て松林を行くのだが、途中で空襲警報が鳴ったために、机を放り出して近くの海浜ホテルに逃げ込んだ。」（ただし、逃げ込んだとあるから、飛行機の爆音は近かったのではないかと思われるが、この文からは機銃掃射があったのかどうかは読み取れない。）

同じく「痕」の酒井富美雄さんからの聞き取り（材木座の五所神社近く、第一国民学校卒）。

「空襲の際、特に恐怖を覚えた経験は、彼我の戦闘機による空中戦で、バリバリッというかなり低空でのエンジン音と共に、ドカンという爆発音に生命の危険を感じて、母と共に、押し入れに逃げ込んだことがあった。直後に調べて分かったことは、爆発音は我が家から二軒ほど離れた家屋の近くに機関砲弾が落ちた音で、門や近くの電柱に弾痕が確認できた。」

玉川大学教授前島誠氏が春秋社のPR誌『春秋』四〇一号（一九九八）に腰越での体験を書いておられる（「不在の神は〈場所〉の中に」）。氏は一九三三年生まれ。一九四五年四月、鎌倉にある修道院（聖母訪問会　モンタナ修道院か）に縁故疎開した。六月のある昼下がり、授業中に警戒警報が発令され、急な下校となった。六年生の氏が「腰越国民学校第十四班」と染め抜いた緑の小旗を手に、総員十五名の先頭に立って道を急いでいた。「突然山かげから、敵戦闘機が姿を現した。二機である。〈しまった〉と思ったが身を隠す余裕はない。『伏せろ！』と叫んで全員を道端のくぼみに伏せさせると同時に、わたしもその場へ倒れこんだ。／撃ってきた。目を上げて敵機を見る。操縦士がニヤリとしているのがわかるほどの超低空飛行。発射された砲弾が次々と畑に土煙を上げる。それが一直線にこちらへ向かってくる。こわくてまた顔を伏せた。敵機はわたしの左脇三十センチの地面に、あとは右手の人家の石垣に数個の穴を開けて飛び去った。」十五名は全員無事だった。「〈これでだれも死ななくてすんだ〉、わたしはそう思った。だがそうではなかった。われわれが伏せた地点の一軒家、そこに住むお年寄りのTさんが、実はあの銃撃で撃たれていたのだ。／夜になってそのことを知らされた十四班の少年たちは、沈んだ気持ちでお通夜に参列した。その折の説明によると、わたしの叫び声を耳にしたTさんが、『坊やたち、危ないからウチへお入り――』と、立って縁側まで出てきたという。そこへ機銃掃射の一発が命中、弾は彼女の肩から脇腹を斜めに貫通し、縁側を突き破って地下二メートルの深さまで達していた。われわれがたまたまその場所を通りかかったばかりに、Tさんは撃たれた。われわれの身代わりに死なせてしまった。爆音のせいで、Tさんの声はわたしの耳に届かなかった。知らなかった。」

一九四四年十一〜十二月の空襲
――『大佛次郎　敗戦日記』の空襲関連事項から

警報は十二月になるとほぼ連日になるが警報の発令や少数機の鎌倉上空通過の記述については、すべてを書き出すことはしない。

十一月一日
B29、マリアナ基地から初めて日本本土に。関東地区偵察。鎌倉でも「空襲警報発令。水をくんで備え、刺子のはんてんを着ている。」五日にも空襲警報。

十一月七日
「警戒警報、次いで午後一時半空襲警報。三時近く解除。」「(B29を)どうして捕らえられぬのか変だし心細いことである。」情報がほとんど隠されていたせいか、大佛にも彼我の飛行性能の差はわかっていなかったのだろう。

十一月二十四日
十二時になったところで空襲警報。久米正雄（一八九一〜一九五二、作家、二階堂居住）が大船へ行くつもりで出て、駅で戻ることになり、「家への途中知る人もない所で万一のことがあったらいやだから」と、大佛の家に寄り暫く話して行く。まだ警報への慣れのないことがわかる。

十一月二十五日
「正午近くまた警報。頭の仕事をするには警報はやはり厄介。早く慣れて平気になることであろう。」鎌倉への空襲はまだないだろうと思っているようだ。

十一月二十七日
「鎌倉では機音が消え去るとけろりとしている。」敵機の爆撃は雲上より無差別爆撃と軍の発表。天気予報は報道されていない。「密雲の上から爆撃されるものなら敵に気象を隠したとしても同じことのようである。この種類の戦争の現実には直接関係のない取締り規定が実に多い。」「デマが空襲とともに盛んに飛んでいるらしい。」その一つ、「前回の横須賀海軍工廠がやられて二人死んだと云う、葉山の小牛田の農家に落ちたのが、かく伝えられしものらし。」（十一月二十四日のことか）。

十一月二十八日

B29の高度に陸軍機は達し得ず、「追いつくかと見ると下降して来るそうである。今のところ敵機はいくらでも勝手な真似ができるらしい。」

十二月六日

「警報出る。一機入ってきたというのである。（偵察の）写真を撮りに来たのだろうとたかを括る。」「（夜の）三時近くなりその後の警報は構わず酔って寝てしまう。」

十二月十日

「数日来夜間空襲の影響もあるが寝坊。」寝不足となり日常生活に支障が出始めている。翌十一日も、連夜起こされ「寝不足でぶらぶらしている。」「夜中に起きて避難していたので甚だ不経済。」

十二月二十三日

「空襲連夜の如し、但し一機か二機なり。」

一九四五年、鎌倉での空襲と関連事項

大佛次郎『敗戦日記』を中心に

大佛の日記をもとに日付順に空襲に関わる事項を見ていこう。ただし警報は出されたが、少数の米軍機が鎌倉上空を通過して行っただけの場合は、ふれない。他の三人の文士の日記なども付け加える。

一月一日

元旦早々朝五時すぎに警戒警報が鳴ったが（「島」）、すぐに解除となった。大佛や高見は警報発令にはふれていない。二日、三日は警報は出ず、静かだった。大佛の日記には、五日「警報出づ。京浜地区に焼夷弾投下。」

一月九日

「一時半に警報が出た。半鐘と高射砲が鳴り出した。」「夜になって聞くと、大船の富士飛行機の前の専用道路に高射砲弾らしいのが落ち一人死に、二人か三人負傷した、松竹の撮影所にも敵の機銃弾の薬莢が落ちた。」島木からの情報では、大船に通っている工員に聞いたところ、高射砲の不発弾が一発落ちただけで、負傷者の話は出なかったという。

「島」——「昼過ぎいつもの時間に敵機の編隊の来襲があった。」

「いつもの時間」と書いているから、B29の来襲する時間は大体きまっていたのだろう。これはマリアナ基地の出発時間と帰着時間に関係するのであろう。警報は四時解除。郵便局に使いに行った妻が帰ってからの話。「ある店に立ち寄ったところ、そこで、大船に焼夷弾落下して火災が起こったと聞き、次に郵便局で知人に会い、ここでは大船某製作所（妻らが勤労奉仕に度々行くところ）に爆弾落ち、負傷者出で、外科病院にかつぎ込まれた、と聞き、帰って来たところ、途中で、大船に通っている知人の工員に会ったので、真偽を尋ねたところ、高射砲の不発弾が一発、さきの製作所に落ちただけのことであると。もっともらしい噂がいかに飛び歩くかということで、興味があった。」デマや噂は今後も多数飛び交うようになる。

高見は極楽寺駅近くに住む作家の中山義秀（一九〇〇～六七）を訪ねようと北鎌倉から鎌倉駅まで歩いた。途中で「国民学校の生徒の帰校に会った。いずれも（防空）頭巾（現在の防災頭巾の前身）をかぶっている。小鳥のようである。」「駅へ来ると、空襲警報、退避命令。郵便局前の松の根元にしゃがんでいると、電車（江ノ電、当時は現島森書店の前に駅があった：巻頭関連地図参照）が来たので、飛んで行って乗った。空襲中でも走っているのだ。極楽寺駅で降りると、警防団に怒鳴られて、道脇に退避。こっちへいらっしゃいと女に呼ばれて、駆け出して防空壕に入る。」

一月十五日

「この三日ばかり珍しく関東に敵機来らず。」三日間静かだったのが珍しいと思えるくらい空襲の回数が増えていた。

一月二十七日
市街地初の盲爆で、東京では銀座・有楽町地区の被害が大きく、民家も焼かれた。
寒さが厳しい中での被災に、大佛は被災者を気の毒に思った。空襲に備えて「防火用水の氷を割り、水を掬《く》み足した。」
「島」――「午後空襲警報。久しぶりに編隊による来襲が報ぜられた。」

二月五日「高」
二十七日の爆撃により有楽町駅で、「コッパ微塵に肉体が四散してしまったという」近所の人の葬儀の準備に出会った。家へよく来る鳥屋の姪に当たる娘も、「有楽町駅の出札係をしていて直撃弾で即死。」「大分身近に犠牲者が出てきた。」

二月十六日
アメリカ軍は第五艦隊所属の空母機動部隊を、日本本土より三百キロメートルの近くまでに進めた。十九日に始める硫黄島上陸作戦のため、日本の航空戦力を撃破する目的で、十六、十七日にかけて、多数の艦載機（グラマンやカーチス、シコルスキーなど）による空襲を行った。初めての艦載機来襲である。朝から長時間にわたり、延べ千三百機が関東一円に来襲した。機銃掃射が激しく加えられた。

大佛が朝起きると、「空一面に曇った日だ。隙間もないといったような（高射砲の）弾幕。（屏風山上空に）星空でも見るようにきらきらする。攻撃は日没近くまで反復され、遂に敵機が鎌倉の上空を横切り、その度にこれを追って高射砲弾が炸裂する。繰り返し繰り返しである。」「電線が切断せられ水道に故障が起こった。」（高射砲弾の破片は）「鎌倉市中へも夥しく落ちたそうで、十二所と観音前に火事が出た。一機が逗子の小坪の鼻の海中に真二つになって墜ちた。」不確実だが「七里ヶ浜にも落ちたという。」「高射砲は的が外れている。敵機を見ているとなめられているという感じが強い。」

「島」――「朝七時頃空襲警報が鳴った。方々のが一せいに鳴りひびき、その様子が何かいつもとちがふやうで、機動部隊からの、艦載機の来襲ではないか、と直感したが、近所のラジオで聞くとはたしてさうだとのことであった（島木家にラジオがなかったことは他の日の記述からもわかる）。」「敵の波状攻撃はほとんど終日つづき夕刻まで繰《く》り返《かへ》し〳〵来た。ほとんどまる十時間であった。高射砲の炸裂音はものすごく、近所にも破片が落ちたさうである。もっとも猛烈な時には、家にゐて布団をかぶってゐた。」「敵機は（宣伝ビラを）撒いたとラジオはいう。初めてのことらしい。」

二月十七日

「朝七時過ぎ予期の如くにして警報出づ。幾編隊にも分れ入りて来たるものなるも、軍の情報昨日より要領を得ず。味方の邀撃《ようげき》についても一言もなければただ敵が自由に出入りしている観あり。（警報）解除のラジオ（報道が）あって後に、鎌倉上空に敵機が現れ高射砲がとどろく。」「敵機影は昨日より高く真上を通過して行き、竹トンボより小さく見えた。午後になり比較的平穏だった。」「市内の高射砲弾の破片による負傷者は二名。」「（近所の）吉野（秀雄）の家ではトタンに穴をうがち、板塀を抜いている。」久米正雄の家も、破片でガラスが一枚壊れた。「長時間の空襲はやはり精神的な疲労を感じさせる。」

「高」――「いんいんたる砲声、頭上で炸裂する砲弾、――内地もまた戦場とかねて新聞紙上で見、自らも口にしていたが、その実感が遂に来た。現実となった。」その一方で、爆音や高射砲の轟く中で、十六日はラファエル、十七日にはルノワールの模写。「いかなる心理か自分にもわからぬ。」

島木健作は空襲が数日に及ぶことを覚悟した。「昨日と同じ時間に警報が発せられた。高射砲が鳴りひびいた。しかし昨日のやうに長時間ではなかった。午後間もなく解除となった。」

二月十八日「島」

「今日は来襲なく静かであった。」

二月十九日

「B29百機来、頭上を一機が低く飛んだ。」乃木高女（現湘南白百合学園）へ通っている「今ちゃん（日出海。作家、一九〇三～一九八四、逗子）の娘が避難してきた。」

「島」――「空襲はいよ〳〵激しくなるが、凜然としてやりぬかんと思う。書くことは自分にとって真にたたかひである。」

「高」――「午後、おきまりの時間にＢ29の編隊来襲。」

二月二十五日「島」

「朝、この前の十六、七日の時と同時刻に警報発令され、艦載機の来襲があった。」午後にはＢ29の編隊が来た。しかし鎌倉は午前午後ともに平穏だった。二十二日の大雪が残っているうえに、また雪が降り、「この雪では防空隊の消火活動も阻害されざるをえないだろう。」

「高」――「雪紛々。この雪のなかで家を失った人がいるのだ。」

二月二十六日
夜、隣組の組長常会。「横穴式防空壕を作る費用一万円をどうやって集めるかという相談。」（四月二日には、横穴式防空壕の寄付募集につき、県庁に不満を投書した者がおり、町会長が呼ばれたという）

二月二十七日
二十二日に四十センチ近い大雪が降り、雪が残っている。「往来の雪かき、車が通れる程度にと防護団からの指令。」

三月五日
久米邸で句会。灯火管制で「真暗な道を帰って来る。」

三月九日
夜、東京大空襲。大佛は飲んで寝てしまったが、翌日火事で空が赤かったと聞いた。

「高」――「ラジオがいきなり、Ｂ29数十機が関東地区一帯の上にいると報じた。退避命令の半鐘が鳴った。東に当って空が赤い。火事だ。風が強い。ラジオは焼夷弾を投下しているという。この風では――と胸が痛んだ。」

三月十一日「島」

昨日は明け方、「まだ真っ暗なうちに空襲警報が鳴った。」「新聞は依然詳しいことは書いてないが、言外にその被害の大きさが察しられる。かねてから来る〳〵といってゐた夜間大空襲だが、昨夜は風が実に強かったし、Ｂ29は千米ぐらゐの低空飛行で、焼夷弾専門にやったらしいから、初期防火も充分ではなかったのだらう。どの方面が被害を受けたか不明である。」

三月十三日

「十二社《ママ》高射砲の破片でもカヤブキ屋根は火事を起したと。」

三月十五日
東京大空襲について大佛が聞いたこと。「顔面火傷の多きは、油脂焼夷弾に水をかけるため、火飛びて粘着する為なり。焼夷弾は巨大のものにて殆どバケツの水など及ぶところにあらず。」消火よりも安全を求めて急いで逃げるように指導を改めるべきなのに、そういう話はない。「初期消火を強制する為に大量の死者を出せしものらし。」

三月二十五日
「鎌倉でも畳数と居住の人数を隣組へ届けさせる。横浜が焼けし場合（罹災避難者）四千人収容する用意だそうである。」

四月一日
「何となく落ち着かず」、終日何もしない。沖縄苦戦などのニュースを聞くと疲労を感じる。「巷を見て人に無気力感がつつみきれぬを知っては憂心抑え難し、焼けてくれた方がさっぱりするぜと女房と話す。」

四月七日

「七時警報出て、九時近く敵数十機頭上を通り行く。碧空にダイヤモンドの如く煌めき見事なり。高射砲打ち上ぐれどあたらぬものなり。」

「島」――「朝より空襲警報鳴り、相模湾より侵入した敵機は、我々の上空を通ったらしく、久しぶりに激しい高射砲の炸裂音を聞いた。近所の屋根に高射砲の断片も落ちたらしい。子供らが敵のビラを拾ったと騒いでゐる声を耳にしたが、真偽のほどはわからず。」

「高」――「敵機大編隊来襲。翼をキラキラと光らせて頭上を行く。『堂々たる』編隊で、まるで自国の空を行くような跳梁振りだ。友軍機と間違えそうな傍若無人振りだ。」

四月十三日「島」

「夜ねてからしばらくすると、空襲警報鳴り、大編隊の波状攻撃とのことであった。(アメリカ大統領)ルーズベルトの弔合戦といふわけで、早速やって来たのであらう。」

四月十四日

朝日新聞に連載した『乞食大将』（三月六日第一部了）の慰労会に、朝日の学芸部の人々が来るはずで香風園を予約してあったが、「空襲の為延期となる。」

四月十九日　「島」

「九時すぎ空襲あり、間もなく高射砲とどろきはじめ、非常に近い感じだ。停電で、ラジオもとまって、いつも隣家から情報を聞いているのだがそれもわからない。昼ごろ解除となった。」「此の頃の新緑は色とり〳〵に萌え出して実に美しい。余り美しいので時としては空襲のことも忘れ、錯覚を起こすほどだ。」

四月二十四日

「相変わらず町の物情は穏やかでないそうである。門田（朝日新聞横浜支局長、長谷）の家の近所では敵機がビラを撒いて、逗子鎌倉も最近やるとあったというので騒いでいるそうである。毎晩睡らせないで気の毒だが、その内に永久に睡らして上げますという文章のビラがあったとさえ喧伝する。デマが横行である。」

五月五日

「午後茶室の畳上げ床下を掘る。」防空壕とは書いてないが、その目的だったのだろうか。

五月二十三日

「深夜、照明灯内に敵機見え、新しき高射砲と見し花火の雨の如き美しきもの、翌日十二所に落ちた焼夷弾と知る。」

林房雄（一九〇三〜七五、小説家、浄明寺）が後に高見に、宅間ヶ谷に焼夷弾が千発落ちたと語った。家に置いておいて焼いてしまうより、多くの人に読んでもらった方がいいから、鎌倉文庫（文士たちが生活維持のために本を持ち寄って始めた貸本屋）に本を持って来ると林は言った。

五月二十四日　「吉」

「東京及京浜間大夜襲。盛んに焼夷弾が投下、又々地獄絵の現出ならん」と思いながら、吉野は二時頃寝入ってしまった。鎌倉でも高射砲の発射音は猛烈だったと後で聞かされたが、何も知らなかった。家政を執っていた八木登美子は一晩中起きていたため、疲れて午前中、床についてしまった。

吉野の短歌「敵機」

大空爆の翌日《あくるひ》被害をたしかめにへめぐる一機にくしとも憎し
前夜空爆の跡たしかめにのうのうとへめぐる一機墜すすべもが

五月二十五日　「吉」

「昼間、P51数十機、B29に導かれ、房総と伊豆より侵入。ここでも待避の鐘鳴り、応接間の壕へもぐる。」夜もB29の大襲来。「連日連夜では身体もたまらぬ。」

五月二十六日　「吉」

「夜、敵機五百機来襲、伊豆より信濃を縦走、日本海へ機雷を撒く。その放送をきくに、大名行列のおねりの如し。洋服、ゲートルのまゝねる。」

五月二十九日

午前、横浜大空襲。Ｂ29五百機と護衛のＰ51百一機。「九から十二機のＢ29の幾塊りが大臣山の空を間隔を置きて通り高射砲弾が飛白《かすり》の如く空をよごすがからあたらず腹が立つ。」

高見は空襲警報とともに、かねて用意していたものを庭に出し、母、妻とともに近所の家の洞窟へ避難した。「横浜は一ぺんで灰燼に帰したのではないか。」

六月一日　「吉」

「敵機動部隊関東海面に迫れるよしにて小学児童、家庭へ戻りしよし。壕内へ荷物を運び入れなどす。この日、一種の戦争性神経衰弱、何をする気にもなれず。歌作らんとして一首をも得ず。」

六月五日　「吉」

「正午、自衛部前に召集され、空襲時の避難につき注意あり。すべては責任のがれの副線《マヽ》張りに類せる心地す。組内へ報告。」

六月六日　「吉」

「沖縄の戦闘いよ〳〵重大段階、そのため一般の憂色蔽いがたく、となり近所、穴掘りて日用品埋めに没頭す。」

六月十日

「（B29が）数編隊で入って来た。別方面が目標らしいので油断していたら、三発続けてずしんと落ちたのみならず、焼夷弾の空気摩擦音を聞いた。金沢か戸塚（いずれも横浜市）あたりと思ったが、後に富岡（横浜市金沢区）と判明。三渓園（横浜市中区本牧）の桃山御殿も吹き飛んだそうである。」爆弾だったので無残な死者が多かった。直撃されなくても激しい爆風で身体がバラバラになったり、吹き飛ばされたりした。曇り空で何も見えず、ただ爆弾が降って来て機銃掃射がある。見えないからどうしていいかわからない。「戸の溝の真鍮に当たった機銃弾はぴんと家の中へはねる。」

（三渓園には五十発ほどの爆弾が落とされた。楠公社が焼失、臨春閣は大破してわずかに原形をとどめるのみ、天寿院寿塔は大破、聴秋閣は中破、月華殿は小破、丘の上の三重宝塔は軽微。「横浜中区史」）

大佛の家に鎌倉在住の大佐が来て、敵の放送で、鎌倉、横須賀を忘れたわけではありませんと言ったという。「横須賀はともかくとして鎌倉はおかしいと思うが、芦屋（兵庫県の高級住宅地）をやった敵だからあるいは然らんである。」

「吉」――「防空壕へ荷物入れ、又出し、奮闘す。そんなこんなにて午前中ごたごた過す。」

六月十二日

「珍しく一機も入って来なかった。耳に入る話悉くが最早やられるのは免れ得ぬという感じ。本どもを眺めて（焼かれることを）残念に思う。」

六月十三日　「高」

「十二時警報。この頃は夜の空襲は珍しい。こっちへ来るかなと準備すると、新潟へ行ったとラジオの情報。」

六月二十一日　「吉」

「午後より夕方までかゝりて、応接の壕大整理す。」

六月二十三日　「吉」

「警報出で、高射砲ポン〳〵上る。」

六月三十日

「(少数機は侵入してくるが、) 天気の故か、編隊入り来たらず。妙に静かで、次の大空襲が予想せられる。」

七月五日
「(昼間も夜間も) また敵の行動あり。頻繁となりしことが甚だしく目立つ。」

七月六日
「深夜の敵襲は東部中小都市を初めて狙いしものにて、意外を感じさせ、気味悪かり。三時半まで起きている。外は真暗にて敵機の音時々通過し行く。」

「吉」―― 群馬県富岡の父の家に行っていた吉野は、一之宮町田島の施無畏寺を見に行き、ここへ疎開したくなる(二十一日に駄目だと知り、落胆甚だしかった)。

七月八日 「高」
当番で鎌倉文庫の店を開くと空襲警報。

「吉」――七時半に高崎発。横浜で五十分待っている時に空襲警報。「鎌倉にて御産女《おんめ》様境内に追ひ込まれ、敵機影ながめつつ、一時間待避。二時帰宅。」

七月九日「吉」

「近頃、ひるも夜も警報也。たゞ〳〵警報也。」

七月十日「高」

「早朝より空襲。艦載機の来襲。午前五時から午後五時まで続いた。」

七月十二日「高」

「空襲警報で起こされた。近くに爆弾の落ちた音がして、家がゆれた、横穴へ退避した。」

「吉」――横須賀の料亭で酒五合、ビール三本位飲み、久米、永井（龍男、一九〇四

～一九九〇、作家、文春社員、雪ノ下）両氏の厄介になり帰宅。「夜敵機しきりに鎌倉上空を通り、待避信号が鳴り通せしよし也。空襲警報も知らず。」「幸ひ投弾なし。」

七月十七日「吉」

「昨夜Ｂ29百機来襲。平塚全滅、茅ヶ崎、大磯も被害がありたるよし。いよ〱近く鎌倉もやらるゝことならん。」登美子は暁まで一人起きていて見張りを続けた。

七月十八日「高」

「この頃はもう朝から晩まで警報が鳴りつづけている。（空襲警報で）横穴へ入った。下の町の人達がいっぱい来ている。布団や荷物を持ち込んでいる。横穴の前に立つと、八雲神社の向こうに横須賀の空がそのまま見える。敵襲の急降下が何か見せもののように眺められるのだった。空襲警報は夕刻までつづいた。」

「吉」――「艦上機数百、横須賀周辺を攻撃す。室内壕に待避す。」教わりに来た長女の友人に漢文と徒然草を四時間講義、「その際中も空襲くりかへされし也。」前夜日立が艦砲射撃された時には、「地震の如きひびき、我が家へ迄伝はれり。」

七月十九日、大佛は旅行に出て鎌倉にいなかったが、「一昨夜の水戸日立の艦砲射撃は長野にも響いたそうであるが、このあたりでも判ったそうである。一日に千機を下らぬ敵が日本の空を飛び廻っている。本土の制空権我にありと云われるより（敵機が）頭の上を日夜往復する現実の方が率直で納得力があるのは云うまでもない。」横須賀で空襲を受けた人の話では、「横穴壕に入っていたが、体が揺動したという。」

「吉」――「夜、空襲下、大佛氏酒持ちて来る。君、越後旅行よりかへりてはじめての対面なり。」

七月二十一日「吉」
登美子と皆子（長女）は昨夜の空襲の疲れで臥床。

七月二十二日

「酔って寝たら砲声殷々とす。房総沖へ駆逐艦八隻が来たのだと翌日わかったが、かまわず熟睡す。」高見も遠雷のような砲声を聞いた。「ガラス窓がブルルとゆれる。」

「吉」――「今夜から当地危険との風評あり、防空壕の中へ荷物運び込み、茶箱一つ庭畑の中へいけ、貴重品入れる。」

七月二十五日

（知人の空襲の話）「『ただ今玄関を入りました、茶の間に入っています、奥座敷へ通ります……今台所から出て行きましたというようなもので、手前の家を他人の家の話のように云うのだから実に』という。その話の中に警報が出て解散。敵の一機が墜ちたといって段葛の道路で人が拍手する。ラジオも鬼の首を取ったように云った。」

七月二十六日

入営する知人の見送りに駅へ行こうとしていると警報。「警報が出ると入場券を売らないのだそうでフォームに入れない。駅にいそぐ人の中に老人紳士のやつれが目立つ。痩せているし首を前に出している。警報下なのでズボンの裾を靴下でくるんでいる足首が細い。」

「吉」――「けふも警報しきりに鳴りひゞき、物情騒然たり。」

空襲下の闇の戸口に手をにぎりここに別れていつの日か見む（田中君―歌友―送別）
空襲は昼に夜を継ぎポケットに妻が位牌のありて寝起す
疎開荷物に金槐集を探り得てことしのきみがまつりをし迎ふ

七月二十七日
「起きぬけから敵機が来る。遠そうなのと一機なので相手にせぬ。珍しく平穏な日である。しかし夜はそう行くまいと思う。静かな日にはそういう夜を期待させるのが習慣となっている。」

「吉」――「終日、警報ひびく。午後くたびれて昼寝す。」

七月二十八日「吉」

「空襲警報出で自転車とばしてかへる。BもPも日本中駆け巡りゐる様子なり。」（BはB29、PはP51）

七月三十日

「六時というのに警報出づ。艦載機の大群なり。五時二〇分に解除になったのが、暗くなってからまだ艦載機の来襲が繰り返された。（横須賀を襲ったうちの）三機は航空灯をつけたまま。すっかりなめられている。（来襲機数は）千数百機を数えるであろう。あるなあと感心するよりこちらが皆無なので驚いてよいことである。しかし戦争は続いている。」

「高」――「空襲警報で起こされたが、空襲は夜まで続いた。終日蟄居。」

「吉」――「朝から晩まで敵小型機、艦上機荒れ狂ひ、手も足も出ず。ひる前、機銃掃射の音聞こゆ。後にきくに、北鎌倉にてやられるよし。戦争いよ〳〵大詰めに近きに非ざるか。たゞ勝利の大詰をこそ祈れ！」

七月三十一日

「大船茅ヶ崎、小田原付近が鉄道不通でいる。馬入（川、茅ヶ崎平塚間の相模川のこと）の鉄橋の一部が壊れたという。敵は交通破壊を狙い出したのである。」

「吉」――「昨夜熟睡、警報が出たれどよく知らぬ位ねむりぬ。」

八月一日

（空襲の？）「予定都市名の中に鎌倉は漏れている。」どこから得た情報なのか？

「高」――「夜、原稿書こうと思ったら、空襲警報で駄目。いよいよ大船鎌倉を襲われるかと思ったら、鶴見川崎へ行った。」

「吉」――「夜、B29百五十機上空通過。潮鳴の如き、大音来襲。小生二階にて酔歌。」

八月三日

「(朝) 警報が出たが、途中から停電で情報がまったく分らぬ。一度高射砲を撃ち出したので来ているなと知っただけである。情報は遅れがちなものだから予告以外は聞かずとも済むのである。」

「吉」――「敵機三北より南へ飛ぶ。鎌倉山の高射砲とどろく。爆弾投下かと思ひし程の轟然たる音響なりき〈鎌倉山の高射砲は初めて発射せるよし、後に聞く〉。」

八月五日

「この日一日に本土に侵入した敵機の総数は千数百機に上っている。こういう日々というのは我々でさえはっきり呑込めぬのだから、後世の平和の時代の人々には想像もつくまい。死の天使は急遽襲い来り、短時間でまた風が落ちた後のように静かな日常に戻る。人間は兎に角生き続けて行くのである。無惨にぷっと切られるまで。」

八月六日　「吉」

「昨夜、空襲警報が出でしも、疲れてゐて起きられず。曷ぞ知らん、郷土の二市（前橋、高崎）攻撃されゐし也。」

八月七日

「昨夕から水道がとまっていて今（十時半近くになって）も出ぬ。変電所が破壊せられポンプが動かぬせいという。焼夷弾が降って来たらこれは大事になるのである。布団を洗濯干棹にかけて機銃弾の障壁とする。敵機が悠々といる位置（相模湾）が判明していて味方は何もしないのだから――そして国民はその無抵抗ぶりに諦従するように慣らされているのだから歯痒さも通越し、おのれの運命まで冷淡に見る本能が出来上がったようだ。無論可怖がるもの〈病的に〉はいる。しかし一般は空を顧みないといってもよい無感情な調子をいつか身につけつつある。」

「今日は結局防火桶の水を道路に撒き、新しく掬み入れただけである。」訪ねて来た新聞記者の話で、広島におとされた爆弾が原子爆弾らしい。「横須賀の襲撃に用いられれば、恐らくそれが（自分や鎌倉の）最後なのである。こう成っては本の疎開も糞もない。」

八月八日

「過日北鎌倉で電車が機銃掃射せられし。」（何日のことか不明、七月三十日か）

「吉」──「大佛氏来る。けさの新聞に見ゆる広島へ投下の敵新型爆弾はウラニュウム応用のものらしく一粁《キロメートル》の高さの火炎を上げ、威力二粁四方に及ぶよし。ウラ弾の如き化け物現れては戦争もおしまひならん。」

八月九日

「（ラジオのニュースの）後で、新型爆弾（原爆のこと）に対する昨日と同じ注意、毛布などかぶれを繰り返す。国民を愚にした話である。真偽は知らず、今日は長崎にも同じものを投下したというが一切発表はない。隠すつもりらしいのである。」

「吉」――「夕方、大佛氏来り、日ソ開戦のこと、長崎にウラニュウム弾落ちしこと聞く。（戦争は）いよ〳〵最後の段階に達せし感じ也。」

「高」――永井龍男が東京からの帰りに貸本屋鎌倉文庫の店に寄った。「緊張した表情である。長崎がまた原子爆弾に襲われ、広島より惨害がひどいらしいという。店は変わりもない繁盛である。（民衆は）知らないせいか、知っていても平然としているのか。」

八月十一日「吉」

「夕、大佛氏にあふ。一昨、九日朝八時、ポツダム宣言受諾するの旨、スヰスを通して申し入れたるよし聞く。又、広島の代わりに横須賀がウラ（ニウム）弾を受くべかりところなりしよし。ウラ弾は一日三発の製造能力があるよしなど聞く。」

八月十三日

「早天六時から艦上機の大挙侵入があり、広範囲に夕方まで連続的に行動。数回高射砲が鳴りとどろき爆音が聞こえた。敵もここを最後と暴れまわっている。」大佛はすでにポツダム宣言受諾を知っていた。

八月十四日「高」

「警戒警報。一機の警戒警報は、原子爆弾出現前は問題にしていなかったものだが、真剣に警戒するようになった。『一機があぶない』みんなこう言い出した。」(一機でも原子爆弾を投下する恐れがある)。隣組に越して来た友人の作家新田潤は「白のズボンに白のシャツ、白いスポーツ帽と白ずくめ。万一原子爆弾に襲われたらと、その要心の白ずくめである。」(白色は目立ちやすいからいけないとそれまではいわれていた。大船の観音も現在のような白ではなく暗い色に塗られていた)

八月十五日「高」

「(艦載機二百五十機が関東地方上空を乱舞。) 敵機は十二時まで執拗に飛んでいたが、十二時以後はピタリと来なくなった。」(未明、小田原へB29一機が帰路に投弾、十二

名の死者と四百軒近い家屋全焼の被害）

八月十六日

「朝、依然敵機数機入り来たり高射砲が鳴る。」防空壕の中に封じ入れてあった人の衣装が湿気でぼろぼろになっていた。東京ではもう壕を埋めているところがあると聞く。

八月十八日

「敵機来たり高射砲戦時よりさかんに鳴る。」（以後、空襲や警報の記事はない）

鎌倉から見えた他地域への空襲

前項で見たように、鎌倉を直接の標的としたB29による爆撃はなかった。しかし上空を通過して行くB29は多くあった。東京方面に行くのに大船の観音像を目印にしたということも関係あるだろう。

鎌倉から離れた地域が空襲を受け、火や煙の色などが見えることもあった。また、横浜や川崎の被害が大きいと、電車は不通となり出掛けられなくなったり、運転していても公用の者にしか切符は売られなかった。大船に行くにも電車が不通で歩いて行ったり、大船まで横浜や東京から東海道線で帰って来られても、そこから鎌倉まで歩かなければならないことも少なくなかった。新聞も東京から送られて来ないから、二日も三日も配達されないことが増えた。変電所や送電線が被災し、停電したり水道が出なくなることもしょっちゅうだった。大佛の家では八月六日夕方から水道断水。変電所が破壊されポンプを動かせないためという。復旧したのは七日夜八時過ぎだった。大佛は断水中に焼夷弾攻撃があったら消火活動のできないことを心配した。

三月十日、東京大空襲。低空で周囲に焼夷弾を落とし、火の壁を作り、火の輪の中を逃げ惑う人々に焼夷弾の雨を降らせるという皆殺し爆撃だった。たった二時間半の空襲で死者十万人と言われる。火を消すことが第一で、逃げてはいけないと命令されていたことが、被害を大きくした。

「大」――「少し飲んで寝たせいでそう妨げられなかったが、翌日火事で空が赤かったという。」

「島」――「暁方、まだまっくらなうちに空襲警報が鳴った。しばらくして起きて、妻に注意されて西北方（ママ）の空を見ると、ぽーっと明るんでゐる。それはどうしても火災の空である。東京の空であらうか？　ともかくかねてから予期されていた大編隊の空襲があったことは疑ひない。」

「高」――「B29の音らしいのが頭上でして、東京の方へ行った……戸塚、保土ケ谷方面で爆弾投下の音がし、退避命令の半鐘がなった。東に当たって、空が赤い。火事だ。風が強い。ラジオの情報は焼夷弾を投下しているという。この風では――と胸が痛んだ。」

四月四日未明、横浜市の臨海工業地帯や川崎市へB29が八十機襲来、爆弾多数を投下した。六日に大佛は造船会社に頼まれて、ホテルニューグランドで講演をした。自動車を借りて、市内の建物疎開の取り壊しの姿を見た。「毀れし人間の家の汚さ惨たるものなり。」「過日の爆撃で吹とびし東横線高島町駅を見るも市電の線路の真中にも一弾落ちている。電車沿線平沼(西区)の人家も残りしものは屋根に点々と穴を空け歪み悲惨な姿なり。」

四月十五日、二十二時過ぎから翌十六日未明。B29二百機が川崎市に、県下最初の焼夷弾による市街地じゅうたん爆撃。川崎は焼け野が原となった。横浜市の一部も爆撃された。

「大」――「警報。梯子へ乗りて見ていると、探照灯が一々交叉して（B29の姿を）とらえるが、（機影を）送るだけである。横須賀上空の方角で花火のように高射砲弾が集中せられるが、探照灯の光を受け蒼白い機はそのまま動いて逃れ去る。八幡の方角火事の色で染められている。若宮大路まで出て見ると人が大勢立っていて、（飛行機が）空中分解して三つになって墜ちたのをみたという。二時半過ぎて眠る。」

「島」――「夜警報鳴り、敵機は我々の上空を通るらしく、やがて高射砲の音いん〳〵と聞こえはじめ、その音は今までのどの時よりも近く大きく、『シーユッ《（ママ）》』『ガラガラ』といふやうな何かが近くに落ちる音もきこえ、全く無気味であった。外へ出てみると、三月十日の夜のごとく、西北方の空が橙色になっている。およそ四時間近くさういふ不安がつづき、やがて静かになり、警報解除となった。」

「高」――「寝ようとしたら高射砲がなり出した。横須賀辺と思われる空に、物すごい曳光弾の線の交錯だ。これはひどそうだと、みんなで（近所の家の）裏の穴へ入った。

隣組の人も集まっている。敵機は一機ずつ北の空を行く。探照灯にまるで送られるようにして東へ行く。次から次へと、やってくる。東の空が赤くなった。ピカッピカッと空が光って、投弾と知れる。東京だろうか横浜だろうかという話が交わされる。穴の向こう側、藤沢茅ヶ崎に向かった方から、歓声と拍手が聞こえてきた。敵機が撃墜されたのだという。実に執拗な波状攻撃だ。そのうち、ピューッという飛行機の急降下のような、また大型爆弾の落下のような音が聞こえ、私たちは穴のなかに飛び込んだ。」

石橋湛山（一八八四～一九七三、ジャーナリスト、後に東洋経済新報社長）は三月十日の東京大空襲で芝の家を焼かれ鎌倉の家（現御成町）に来ていたが、米軍機が火災を起こして墜落するのを初めて見た。その機は大船方面より真っ赤になって飛来し、稲村が崎方面に落下したように見えた。また、追浜方面に来た一機に対し、数珠状に連続した火の玉が無数に打ち上げられ、その機を取り囲んだ様は物凄かったが、その敵機は相模湾方面に逃走してしまった。

（十六日）

「高」――「電車は大船までしか行かない。京浜間不通というので、その辺がやられたことが察せられる。新聞は来ない。」

五月二十九日、横浜大空襲。午前九時二十二分から十時三十分までのわずか一時間八分で横浜市の全域がほとんど壊滅した。死者は公式発表の倍以上八千人とも考えられる。

「大」――「薄曇、空襲警報で起こされる。やがて九から十二機の幾塊りが大臣山（八幡宮の裏山）の空を間隔を置きて通り高射砲が飛白《かすり》の如く空をよごすがからあたらず腹が立つ。山の背後に夏雲の如き煙の塊起ち、巨大なコオリフラワー（カリフラワー）の如き形をして沖天にわだかまる。横浜とわかる。門田君（朝日新聞横浜支局長）に電話すると、これから自転車で（横浜へ）出かけると言う。（零時半）他愛なくやられること呆れはてたものなり。敵一機悠々と戦果の検分に入り来たる。写真を撮って帰ったらしい。」

（翌三十日「大」）

「三時近く保土ケ谷まで電車が通ると聞き検分に赴く。」

「島」――「朝九時過ぎに空襲警報。庭へ出てはるか北方の空をのぞむと、敵機の大編隊が、西から東へ、次から次へと飛びゆくのが見える。十二機を一編隊とし、七機、九機のものもあるのは途中で撃墜されたものであらうか。それ等が幾つも〳〵群れをなして一定のコースを飛び行くさまは、まるでメダカのごとく、到底百や二百の数ではない。敵はつひにB29をこれだけの数飛ばしうる力を蓄積した。編隊めがけて高射砲が炸裂する煙が見えるが、残念ながら落ちない。どうも横浜上空らしく思はれる。敵はある所まで来ると旋回するというやうなことはなく、ただ一定のコースを西から東へ飛び行くのみである。しばらくすると同方向の空に、おどろくべく巨大なもく〳〵した入道雲が高く〳〵上がって来た。火事の煙そのものではない。火災によって誘発された雲ではあらうが、ガスタンクでも破裂したのではないかなどとうはさはとりどりであった。空襲は一時間半～二時間ぐらいつづいた。」

（翌三十日「島」）
「新聞が終日来ない。しかし昨日の横浜の大空襲の惨害はぽつ〳〵いろ〳〵なかたちで耳にはひってくる。横浜はほとんど壊滅したらしく、人死にも多かったとのことである。」

「高」――「（貸本屋鎌倉文庫の店番の当番を終わって）家へ帰ると、裏山の向うの空が赤い。横浜がまだ焼けているのだ。やっと東京まで開通した電車が再び大船どまり。東京へはいつ行かれることやら。」

六月十日、前項でも記述したが、富岡駅（横浜市金沢区）ではトンネルの中に逃げ込んだ湘南電鉄（現京浜急行）の電車に対して、トンネルの両側に爆弾が落とされ、多くの死傷者をだした。

「大」――日曜日。曇。「数編隊で入って来た。そろそろこちらの番と観念をしているので緊張していたが、立川霞ヶ浦の方面が目標らしいので油断していたら、（爆弾が）三発続けてずしんと落ちたのみならず、焼夷弾の空気摩擦音を聞いた。金沢か戸塚あたりと思ったが、後に富岡と判明。三溪園の桃山御殿も吹飛んだそうである。」（桃山御殿とは臨春閣のことで大破された）

七月十六日、夜から十七日未明の間、B29百三十二機は平塚の周辺部に焼夷弾を投下し、後に市中心部に集中投下。死者三百人以上。焼夷弾の種類は違うが、横浜大空襲では約三十五万本、平塚ではそれ以上の四十四万本も投下された。一回の投下焼夷弾数は全国第二位（一位は八王子、焼夷弾の重量でいうと、横浜二五七〇トン、東京一七八三トン、平塚一一六二トン）。隣町の茅ヶ崎でも死者十人、住宅焼失百八十二軒。

「高」――「夜、空襲。平塚藤沢の方に当たって火の手があがる。『さあ、来るぞ』――荷物を庭に持ちだした。覚悟した。が、来なかった。『いずれは来るな』と言葉を交わした。疲れた。神経的に、肉体的に。」

七月十八日、日中横須賀市に艦載機多数来襲。機銃掃射をし爆弾五十発投下。

「高」――「空襲警報だ。退避の鐘が鳴った。横穴（防空壕）へ行った。下の町の人達がいっぱい来ている。布団や荷物を持ち込んでいる。南の空へ小型機がやって来た。四、五千（メートル）の高度から見事な急降下だ。物凄い弾幕のなかへ編隊を崩さず来襲。敵ながら天晴れと思った。横須賀へ来襲だ。横穴の前に立つと、八雲神社の向こうに横須賀の空がそのまま見える。敵機の急降下が、何か見せもののように眺められるのだ。空襲警報は夕刻まで続いた。」

「吉」――「艦上機数百、横須賀周辺を攻撃す。室内壕に待避す。」

八月十五日、正午にポツダム宣言受諾の放送が予定され、米軍は休戦を知っていたが、未明に小田原が空襲され、十二名の死者が出た。熊谷・伊勢崎を空襲したB29が、目標とされていなかった小田原に、帰りがけに投弾していったと考えられる。この空襲については、文士の日記には記述はない。

防空壕

空襲から身を守る手段としては防空壕くらいしかなかった。イギリスやドイツでは、公共の壕が造られた。しかし日本では、国民の生命・財産を守るために、軍や行政当局が壕を整備することはほとんどなかった。軍は壕内に逃げこむことより消火活動を強要した。個人で敷地内や家の下に粗末な壕を掘るか、せいぜい町内会や隣組で共同の壕を造るしかなかった。費用は個人、町内会、隣組など民間の負担だった。「痕」によると、六地蔵近くの町内会の防空壕は佐助一丁目にあった。材木座の五所神社近くの隣組の壕は来迎寺の裏山にあった。

「痕」の十二所の金井茂氏からの聞き取りによると、当時防空壕は各家毎に掘ってあったが、空襲警報で逃げ込むという習慣はあまりなかったという。これは「鎌倉は空襲しない」というアメリカ側の情報によるものではなく、「敵機は鎌倉の上空はただ通過して行くものだ」との思い入れから危機感が無かったことに由来するようだという。むしろ警報が鳴るとB29を眺めるために、防空壕の外で大した恐怖感もなく空を見上げるというのが一般的風習であった、という。一方、名越の大野昭諭氏によると、横浜大空襲の時は、高射砲が撃ち出し、慌てて防空壕に飛び込んだ。破片がバラバラと落ち、頭に当たったら即死したであろうという。また「痕」の芹沢良治氏の手記によると、深夜、空襲警報が出ると、急ぎ防空頭巾を被り、名前と血液型を記した布袋に学用品を放り込み、国民学校六年生の氏が、真っ暗な道を四歳下の妹の手をひいて、必死に町内の防空壕まで逃げた。これが日常茶飯となると、諦め顔の父は、子供たち二人が生き残っても困るだろうと、最後は避難を拒んだ。死を覚悟したのだろうか。真っ暗な不安な家で敵機の去るのを待った。文士たちの日記から防空壕に関わる記事を拾ってみる。人が退避するだけでなく、大事な物を埋めて保存するための穴も掘られた。

島木健作

四月二十三日

「庭にしっかりした防空壕を作ってもらふことにし、来てくれた人が一間（約百八十センチメートル）四方のかなり深い穴を掘り柱を立てた。明日にて完成の予定である。」

作家中山義秀（一九〇〇～六九）の極楽寺の邸内にある壕は岩盤で強固に見え、中山自慢のものだった。地形から考えて、岩山に掘られた中世の埋葬施設「やぐら」を掘り直したものだったかもしれない。島木はそこへ荷物を預かってもらうよう頼み、快諾を得た。六月三日に荷物を運んだところ翌日四日には血痰が出、体の衰弱を感じた。日記は五日に妻が荷物を背負って持って行ったとの記述が最後で、以後は書かれていない。

吉野秀雄

五月二十五日

「待避の鐘なり、応接の壕へもぐる。」その後何度も「応接の壕」という記事がある。応接室の地下に壕を掘ってあったのだろう。また同日の記事に、「夜、七時公会堂へ行き組長会議。明日あさっての訓練、免除して貰って防空壕勤労奉仕やるよし。八時半散会」とある。隣組で壕を掘ることになったのか。翌二十六日には十八歳の長女皆子が朝八時より昼まで防空壕の勤労奉仕に出ている。六月一日、「壕内へ荷物を運び入れなどす。」六日、「沖縄の戦闘がいよ〳〵重大段階。となり近所、穴掘りては日用品埋めに没頭す。」

大佛次郎

二月二十六日

「夜組長常会。横穴式防空壕を作る費用一万円をどうやって集めるかという相談で600、300、150、50、30、20と級を分け各戸毎に目標が決めてある。一の単位（六百円のことか）は五戸とかでこの家も仲間に入っていた。篤志家というのだそうである。」四月二日「横穴防空壕の寄付募集につき、県庁に不満を投書せしものがあり、町会長が呼ばれし。」八月四日、「町で作った防空壕、電球を盗まれる。いつも暗い。それと便所を作らなかったので、小便勝手で不潔、便所を作るから前の寄付の四割を出してくれという。電球は待避の時に持って入ってつける。共同生活が常に個人生活の下に置かれる悪癖。」

五月五日

大佛は「午後、茶室のたたみ上げて床を掘る。」壕のためとは書いてないが、防空壕造りだろう。それ以前の三月十四日には風呂屋の亭主が来て、瀬戸物類を埋める穴を庭に掘ってくれた。六月十二日には、知人が庭の防空壕に瀬戸物類を入れてくれた。「耳に入る話悉くが最早やられるのは免れ得ぬという感じ。本どもを眺めて残念に思う。」

七月二十五日

「(日本舞踊家の) 吾妻徳穂、長雨で壕に入れてあった踊りの衣装が水浸しに成っていたのを発見。きょう一日それを干したり何かして疲れたと話す。なさけなさそうに笑いながら。玉子が好きで、粉玉子をしまっておいたのも濡れて了った。三年分はあると思った白粉も。」

地下に掘られた壕の中は湿気が多かった。特に鎌倉は地下水の水位が高かったから貴重品を貯蔵することには適していなかったことが多い。材木座の個人宅の庭に掘った防空壕は水がわき出て使いものにならなかった。

高見順

三月一日

近くの山に隣組の防空壕として横穴を掘ろうとして、土地を借りている人に峻拒された。ところが山の持ち主が自家用防空壕として横穴を掘った。借り主は峻拒できなかった。三月十一日、「庭に穴を掘った。茶碗等瀬戸物類を埋めておこうというのである。二つ掘ってクタクタになった。夜を徹して机に向っていることはできても、肉体労働はてんでできない。」五月二十九日、「寝たと思ったらラジオの情報でおこされた。空襲警報。かねて用意のものを庭に出し、母、妻とともに近所の洞窟へ行く。」六月十二日、「隣組の中村さんの庭に、さしあたりいらない衣類その他を箱につめて、埋めた。大砲陣地の下である。考えてみるとここが戦場になったときは、敵弾で地面が掘り返されてしまうわけで、埋めておいたところでなんにもならない。こっけいである。」

川端康成（一八九九〜一九七二）は自分で削岩用の槌とのみを手にして、防空用の横穴を掘った。当時彼は二階堂の、鎌倉宮から覚園寺に向かう道の右側、詩人蒲原有明の持家に住んでいた（現在蒲原有明居宅の記念碑がある）。四月十五日に高見らが訪ねると、小島政二郎夫妻が来ていた。小島が川端の槌とのみを見て、「わたしンところも、これで横穴を掘ろうかな……」というと、川端は「お掘んなさい」と勧めた。「頼むと三千円かかりますからね」「原稿を書くよりいいですよ。原稿を書いて三千円稼ごうとなると大変ですからね」自分でやれば、つまり三千円稼ぐことになる（「高」四月十五日）。本の出版はほとんど不可能になっていた当時、川端の前年度の原稿料収入は八百円台、印税はなかった。

小林秀雄（一九〇二～一九八三、評論家）も敷地内に横穴壕を持っていた。扇ガ谷の地形から見て、これも「やぐら」を利用したものかもしれない。吉野秀雄はこの壕の一隅を借りることができ、子供たちに手伝わせて何度も荷物を運びこんだ。大佛次郎も本などを持ち込んだ。薬品のわかもとの社長長尾欽彌（一八九二～一九八〇）は鎌倉山に広大な別荘を持っており（約六万坪）、その地下に広い壕を掘り、家蔵の美術品を入れておいたところ、軍より食料庫に貸せと言って来て困っているという（「大」六月二日）。「痕」によると、テニスコートくらいの広い地下が、武器弾薬の貯蔵庫になっていたという。

ビラ・テープ・デマ

米軍機は空襲を予告するビラを撒いたり、レーダーの電波妨害のため錫のテープを撒いた。拾ったビラやテープは、警察や憲兵に届けなければならないことになっていた。しかしビラなどの情報を隠せば隠すほど人々の不安は高まった。ビラの内容にもとづくかどうかわからないが、デマもいろいろ流れることになる。デマの中には全く荒唐無稽のものもあった。

［ビラ］
『鎌倉教育史』によると、市内に撒かれたアメリカのビラを読んだ人の記憶では、尾崎行雄（一八五八〜一九五四 反軍国主義の政治家）をたたえ、むだな戦争をやめるようにと勧告したものだったという。これを、児童を通じて学校で集めた記録もあった。

四月七日 「島」

「子供等が敵のビラを拾ったと騒いでゐる声を耳にしたが、真偽のほどはわからず。」

四月二十四日 「大」

門田たちの家（長谷）の近所では「敵機がビラを撒いて、逗子鎌倉も最近やるとあったというので騒いでいるそうである。毎晩睡らせないで気の毒だが、その内に永久に睡らして上げますという文章のビラがあったとさえ喧伝する。デマ横行である。」

六月三日 「大」

郷土史家の「亀田（輝時、一八九三〜一九四六、扇ガ谷）氏来たり。敵機の撒きしビラ見せてくれる。」

六月五日 「大」

朝日新聞の門田が「敵機の投下せしビラを見せてくれる。なかなか行き届いたもの也。」

六月九日　「大」
「デマかも知れぬが、東京をいつまでも虎刈りにはしておきません、そのうちに五分がりにしてあげます、とビラを撒いたという。」

六月十一日　「吉」
「敵のビラに曰く『東京、今は虎刈りだが、近く五分刈りにする』と。」（大佛からきいた話か？）

六月末　「大」
「敵機が甲府盆地で撒いたビラに、『三月四月花ざかり、五月六月焼野原』というのがあったという。創作であろう。この苦難の中にも慣れると、こういう明るい悪戯が始められる。」

七月二十日　「大」
「国民が暗々裡に軍の権威を信じなくなって来た。敵の伝単（ビラのこと）にこの点に触れたものがあった。」

七月二十四日　「大」

「鎌倉を二十五日までにやるというビラを撒いたとのデマが飛んでいる。そのせいか駅は疎開荷物でこんでいる。」

八月四日　「高」

「読売、毎日両紙とも、爆撃予告の敵のビラに驚くなという記事を出している。当局からの指示によるのであろう。」それほどビラが撒かれるようになっていた。

［テープ］

「痕」――芹沢良治さんからの聞き取り

「空からキラキラと光るものが落ちてきていた。何かと思ったら電波妨害用の錫テープであった。米軍はわが国に電波探知機（レーダー）が整備されていると思っていたのだろう。交番か学校に届けることになっていたので、私の家のそばに交番があるので拾ったものを届けた記憶がある。」

「痕」――大野昭諭（一九三二年生まれ）さんからの聞き取り。

「五月二十九日。まっぴるまの空にピカピカと稲妻みたいに筋状に光るものがある。これはアメリカの新兵器かと見ていたら、次に金色に燃えた光の塊が落ちてくる。結局は電波妨害の錫のテープと分かったが、広がって伸びてくると細くキラキラと輝く。中にほぐれないで塊りのまま落ちてきたのが太陽に反射して火の玉みたいに見えたのである。近くに落ちてきた塊りを家に持って帰ったら、母親からアメリカのものには毒が塗ってあるかも知れないから早く手を洗えときつく叱られた。」

七月二十六日。吉野は長女皆子と大船の農家へ行った。「そこの娘畑より昨夜敵機の撒きたる電波妨害の錫テープ及びナイロンらしき布テープを拾ひ来る。農夫ら曰く、『船来は品が違ふ』と。」

八月八日　「大」

「敵機が撒いた電波撹乱の錫の紙片を台所の蠅よけにつるした。風に軽く動きさらさらとなり、光の反射が四方の壁に水の影のように動いている。その下で平素の如く暮らしている。外の世界に向かっては腹を立て続けたが家の中は平和である。」

［デマ］

［ビラ］の項目でも幾つかのデマについてふれたが、いろいろ伝えられたデマがあった。鎌倉でではなく、東京その他の地区でのデマも日記には記述されたが、一般にデマの伝播速度は早い。同じ内容のことが鎌倉でも語られていたことはありうるだろう。

三月八日「高」

（文藝春秋で聞いた話）「清水（静岡県）に立退命令が出たという。敵は鹿島灘と駿河湾から上陸し、後者の部隊は厚木平野を通って東京に迫る。なお、日本軍が信州の山にこもるのを防ぐため、甲府あたりに空挺部隊をおろす。そういう宣伝をしているという。茨城辺の百姓は、敵が入ってくるのでは植え付けをしてもしようがない、と迷っているという。デマがだんだん飛び出す。」これを見ると、東京大空襲の前から米軍の本土上陸が言われていたようである。

三月十二日「大」

「鎌倉は強制疎開されるという流説。また主として（鎌倉に多い）海軍（将校）の家が疎開初めたので、艦砲射撃を受くる危険がありとて、疎開の支度にかかるもの多きようなり。警察の特高（特別高等警察）で流布者を検挙しているという。」

三月十四日「島」

「いろいろな流言が飛んでゐる。海岸地方の者はみんな立ち退きを命ぜられるであらうなどといふ。散歩の途中、本屋に寄ってみると、本を売りに出すものが続出してゐるらしく、本屋はいつしか交換売りも、貸本もやめてしまってゐる。何かしら物情騒然たる感じである。」

三月十七日「島」

会津八一先生（一八八一〜一九五六、歌人・書家）より「近作書画展中止したとの通知だが『鎌倉は騒然たりと風聞致候。御自愛被下度候』と付け足してあり、（また小倉市の朝日新聞記者から）被害などないかとの見舞いである。これらよりすれば、種々なるうはさは乱れとんでゐるものと察せられる。海岸線三里以内のものは全部立退き等のうはさは此頃非常に高い。」

三月十八日、大佛は三時から日朝様（本覚寺）で警察署長も来ての座談会に参加。鎌倉の人心が浮き腰になっていることについて。これもデマとの関わりであろう。

三月二十一日「高」

「台山では昼夜ダイナマイトの音がたえず、（高見の近所の）裏の山は海軍の兵隊が百名も入って、これまた昼夜鑿岩。急に立退命令が出されても困るというので、動揺し、種々の噂が飛ぶ。あらかじめ立退き準備をさせておく方がいいと思うのだが、命令は闇《ママ》から棒に出て、すぐ立ち退けというにきまっている。」

三月二十四日「島」

夜、島木家の属する組長・群長の重要会合に妻が出席。テーマは「デマ防止だったとのこと。鎌倉はインテリの町故、もう少しものがわかってゐると思ったら、此頃はもう浮足立って了ってゐる。今にも艦砲射撃があるかに思って、立退命令が今にも出るかのようにいひふらし、肝玉はへその下にある筈なのに、今はもうノドもとまで上ってしまってゐる。今にノドから吐き出すつもりだらう。と、自衛部長の絵描き氏が嘆いた由。」

三月二十五日「大」

「東京では『赤飯にらっきょうを一つ入れて喰うと、弾よけになる』という流説がぱっとひろがり迷信せられていると。幕末か明治初年の話としか考えられぬ。駒沢（兄野尻抱影の家か）へ出入りの植木屋が真面目でそれを話した。世田谷で二貫五百（九キログラム以上）もあり歯も生えた赤ん坊が生まれ、右のことをいうと直ぐ死んだ。埋葬したが気になるから掘ってみたら何もなくなっていた。この形の話が東京中で場所がそれぞれ変って伝えられている。らっきょうのない時は梅干し一個というそうである。」

三月二十六日　「高」

高見が夕食を食べていると、近所の人が来て、「私の家あたり一帯の強制立ち退きの命令が出たという噂を聞いたが――という。初耳だ。デマにしろひどくこたえた。われながら情けなくなるほど、ひどい衝撃を受けている自分を見出さねばならなかった。噂が立つ以上、事実化するものとみねばならぬ。」

四月二十二日　「大」

「沖縄の米軍が無条件降伏したというデマが飛び、駅でマイクロホンで伝え、巡査までがそう言って歩いたという。汽車の中では罹災者が総立ちとなり、万歳を叫んだという。こういうデマを人が信じるのが奇怪なのである。」

四月二十四日　「高」

「爆弾除けとして、東京では、らっきょうが流行っている。朝、らっきょうだけで（他のものを食ってはいけない）飯を食うと、爆弾が当たらない。さらにそれを実行したら、知り合いにまた教えてやらないときめがない。いつか流行った『幸運の手紙』に似た迷信だ。／またこんなのも流行っているとか。金魚を拝むといいというのだ。どこかの夫婦が至近弾を食って奇跡的に助かった。その人たちのいたところに金魚が二匹死んでいた。そこで、金魚が身代わりになったのだと言って、夫婦は死んだ金魚を仏壇に入れて拝んだ。それがいつか伝わって、金魚が爆弾除けになる、という迷信が流布し、生きた金魚が入手困難のところから、瀬戸物の金魚まで製造され、高い値段で売られているとか。」

五月七日「大」

「矢代氏の話。大磯あたりでは〈辻堂あたりで〉娘がざるを持って酒屋へ酒を買いに来てザルに酒が入れば日本は勝つといい、ためしに入れたら漏らずに入った、後を追ってみたが消えるようにいなくなったという話が専ら流行ったそうである。いよいよ江戸時代の話のようだ。ザルにパラフィン紙セロファンがはってあったのだろうと説を立てる者まであったそうである。／聞いてやれやれという感じ。これで勝ればその方が奇跡である。」

五月二十八日　「吉」

「デマ二つ（一）沖縄の敵無条件降伏（二）近いうち大提灯行列。両方共官憲取締に大努力とか〈これもデマか〉。」（一ヵ月以上前に大佛が同じようなことを伝聞している）。

六月二日　「高」

「鎌倉では、明日敵機が横須賀とこの方面に来襲するというデマが流布されていた。」

六月三日、大佛の家に門田が来て、「今度は三日とか六日に横須賀鎌倉をやるというデマで人心が浮いているそうである。」島木もこのデマを聞いた。「八幡宮を忘れはせぬ、というビラもあったなどといふ。」

六月八日「大」
ラジオで報道班員が「米英軍がラインを越える前に八十万人のドイツ婦女子が『蹂躙』せられた。日本本土へ上陸したらどうなるかという。バカバカしさが面白かったから傾聴した。軍人かと思ったらジャーナリストである。民族の素質ということを考えさせられた。低劣なことである。しかし国民のどれだけがこれを低劣と見るかと思うと愕然としたくなった。」

七月二十四日「大」
「鎌倉を二十五日までにやるというビラを撒いたとのデマが飛んでいる。そのせいか駅では疎開荷物でこんでいる。」

七月三十一日「大」
八丈島から無電で敵艦船約三千七百隻北上中との知らせがあり、「横須賀鎮守府ではラッパを吹いて非常呼集をし、県警察部は各警察に（敵の上陸あるべしと）警告を発した。海浜ホテル付近では砂浜に壕を掘ろうとした。しかしこれは八丈で夜光虫を見あやまったものと判明。富士川の水鳥の話の如く。惨憺たる喜劇である。」

八月九日 「大」

原爆を「新型爆弾」と呼び、「真相を隠蔽しているので、様々な形で喧伝せられている。」翌十日には、「朝刊を見ると中部軍参謀の新型爆弾怖るるに足らずという談話が出ている。どこまでも国民を無知のままにしておく方針らしい。」敗戦翌日の十六日には新聞が原爆の威力を詳しく書いたのを読み、「先の参謀の視察報告とは正反対である。参謀は国民を欺いたのである。」

［敗戦後のデマ］

敗戦後も暫くはデマが飛んだ。

八月十七日 「大」

「（占領軍が上陸したら）県で婦女子は逃げた方がいいと触《ふれ》しが誇大に伝わり、敵の上陸が今明日の如く感ぜられ、駅に難民が殺到すと。あさましき姿なり。」二十四日には、「顔に鍋墨を塗って駅へ逃げた女もあったというからなさけない話である。」

「吉」――「毎日警報が出で、反（乱）軍、徹底抗戦のビラ撒き、物情騒然たり。既に高崎にても、敵軍四個師団横浜上陸云々のデマを聞きたりしが、この地のデマはより以上切実深刻なる様子。」

八月十八日「吉」

名越の知人を訪ねると、知人は「米軍上陸の不安と官・反両軍衝突の疑念をわめくこと狂せるが如し。曰く婦女子は皆姦せられ、民家は宿舎としてとられ、物品は略奪される！　反軍が騒擾せば鎌倉は戦場化せん、云々。」吉野はその妄想に呆れた。午後に大佛を訪ねいろいろニュースを聞いたが、「米兵に対するサーヴィスガールを何千とか何万とか準備中なりとの風評あり。」これは風評ではなかった。

八月十九日「高」

中村光夫（一九一一～八八、評論家、稲村ガ崎）から「今朝町内会長から呼び出しがあって、婦女子を大至急避難させるようにと言われたという。敵が上陸してきたら、危険だというわけである。」

八月二十日「大」

「吉野君の話で、材木座あたりでは米軍が小さい子供を軍用犬の餌にするとて恐怖している母親が多いという。無智と云うのではなくやり切れぬことである。敵占領軍の残虐性についての話は軍人から出ていることが多い。自分らが支那でやって来たことを思い周章しているわけである。」

八月二十二日「大」

「長崎の惨状が毎日新聞に写真が出た。大本営の発表は損害は軽微なりしとありしが、実は一物も存せざるような姿である。どうしてこういう大嘘を平気でついたものだろうか。」

八月二十三日「高」

島木の葬式後の会食で聞いた話。「鎌倉のある町内会長は、五歳以下の子供をどこかへかくせ、敵が上陸してくると軍用犬の餌にするから……そう言いふれて歩いたとのこと。なんというバカバカしい、いや情けない話であろう。」

疎開

「昭和十八年四月、疎開のため大森から北鎌倉に転居、さらに昭和二十年には故郷三国町への疎開準備もしたが、結局北鎌倉に留まった」（傍点著者）『特別展 高見順 図録』（鎌倉文学館）

「昭和十九年末から空襲に備えて鉄道線路沿いの建物疎開が行われたが、その作業も多くは市民の勤労奉仕に負っていた」（傍点著者）『鎌倉市史 近代通史編』

疎開とは、小学館『日本国語大辞典』によると、「空襲・火災などの被害を少なくするため、都市などに密集している建造物や住民を分散すること」とされている。はじめ軍部は疎開を、「逃亡思想、敗北思想」、として認めなかった。しかしドイツが大空襲を受け、一九四三年秋、米軍機による本土空襲の危険が予測されるようになると、軍部は都会の学童を地方へ移したり、重要建造物の周囲の建物をなくして延焼を防ぐために破壊したりする疎開を、計画・実行するようになった。鎌倉は東京に近く、便利な疎開地と見られていたが、どのようなことが行われ、また影響があったのだろうか。

[学童疎開]

縁故疎開と集団疎開があった。親の郷里や知人などのつながりを頼って個人的に行われたのが縁故疎開である。そういうつてのない児童は、学校ぐるみで疎開することになった。教員に引率されて都会から遠く離れた農山村へ、集団で移住させられた。寺や旅館などが宿舎とされた。疎開は次代の大切な命を守るためとされたが、実は次の世代の兵士の供給を断たれることのないようにし、空襲時に大人たちの消火活動などの足手まといにならないようにするためだった。集団疎開させられた学童は約四十万人。食糧などすべての物が不足していた状況で、子供達に多くの困難・苦痛・悲劇などがあった記録は多数残っている。

県下では、横浜市・川崎市・横須賀市の三市が集団疎開の指定都市となり、鎌倉市は外された。また受け入れ地にもならなかった。鎌倉には宿舎となりうる寺院なども多かったが、米軍の上陸候補地点とされ、寺院は日本軍の兵舎とされるためであった。鎌倉への米軍上陸の危険が言われるようになると、市外へ退避する市民も増えた。一方で東京や横浜などから疎開移住してくる家族もあった。昭和二十年三月一日付で鎌倉市長から市内の国民学校長にあてた「疎開受入施設等ノ助成ニ関スル件」という文書によると、疎開学童数は次のようになっていた。

御成国民学校　三百四十一人
第一国民学校　二百九十九人
第二国民学校　百五十七人
腰越国民学校　百七十五人　合計　九百七十二人

この他、小坂国民学校は七月末で三百六十三人。玉縄、深沢も農村であったから、多くの疎開児童を受け入れていた。(『鎌倉教育史』)

縁故疎開の体験としては、東京から腰越の女子修道院に疎開し、下校中に米軍機から機銃掃射された当時六年生だった前島誠氏の文を前述した。

［一般の疎開］

家族ぐるみの疎開として二つの例を見ておこう。元市長の竹内謙氏と今井（旧姓尾ケ井）赫氏である。二人とも一九四〇年生まれであるので、国民学校入学前であったが。

竹内氏は東京の本郷に住んでいたが、一九四四年秋頃、夏の海の家として借りていた腰越の家に疎開した。しかし京浜地区への空襲が始まると、新潟県高田に再疎開して鎌倉を離れた。（『回想　戦争と鎌倉人』）

今井さんは東京大田区雪谷の家を五月の空襲で焼かれ、洗足池に逃れて難を避けた。家族四人は葉山に家を借り、八月十五日の敗戦は葉山で迎えた。だから鎌倉への疎開ではなかったが、その後間もなく秋になって長谷に家を借りられた。隣に住んでいたのがスイス人の画家コンラッド・メイリだった。今井さんはメイリの一番若い弟子になった。これらのことを、ふなこしゆりが『1948年のスケッチブック』という本に書き（ポプラ社)、今井さんはこの本を市内各小学校に寄贈した。

鎌倉に疎開して来たので、一九四五年三月十日の東京大空襲を免れた人がいた。国文学者で東大教授島津久基(一八九一〜一九四九)は体が弱かった上に空襲避難などで無理を重ね、急性肺炎で倒れてしまった。三十八度の熱があったが、医師の許可を受け、東京団子坂の自宅から鎌倉大町の元八幡近くの弟宅に疎開したのは、三月九日だった。もし疎開せず、東京に留まっていたら……。(『鎌倉つれづれ草』)

鎌倉から出て行った人の例を一つ挙げてみよう。元老松方正義の子松方正熊子爵夫妻とその娘ハル(春子)一家である。ハルの姉は結婚してアメリカにおり、弟一人と妹三人はアメリカに留学していた。松方家は東京に住んでいたが、アメリカにいる家族について、警察は爵位を持つ松方家に対してさえ、間断無く尋問を繰り返した。そのため両親とハルは鎌倉の海に面した別荘に移り住んだ。庭で野菜を作り庭木を切っては炊事用の薪にした。鶏・豚・山羊も飼った。一九四五年、米軍の相模湾上陸が予想されるようになると、海岸沿いの民間人は疎開を命じられ、ハルたちの家は海軍により接収された。母方の祖父の縁故を頼り、群馬県の農家の一部屋を借り、手に提げ背に負えるだけの物を持って鎌倉を立ち去ったのは五月だった。ハルは後に駐日アメリカ大使となるＥ・ライシャワーの夫人となった人である。(『絹と武士』)

[荷物の疎開]

人の疎開だけではなく、荷物を疎開させることも多かった。自宅に掘った防空壕や穴の中に荷物を入れたことは前述したが、荷物を地方に疎開させることも盛んになった。しかし受け入れ先がなければだめだし、荷造りの資材も不足し、駅での受け入れも制限され、駅には荷物を送る人達で長蛇の列ができていた。

六月中に大佛が聞いた話を二つ。郵便小包の受付数が限られているので、前夜の十時頃から郵便局に詰めかけ、寝ながら翌朝を待つ。近所の知人の母親は午前三時に雪の下の局へ行ったら九番目で、十番まで受け付けたのに危うく入った。鉄道便に託すためにも、前夜から人が駅の前にえんえんと行列し、順番を待って編み物をしたり本を読んでいる。知人の女中が出しに行ったのが八時に家を出て、午後の三時まで待ち、弁当を家人が届けた。駅でも運送屋でも荷造りを他人に頼むのでも、コネとワイロが幅をきかせた。

三月七日、高見は東京根津に作家徳田秋声の息子一穂を訪ねた。一穂が秋声の原稿や著書を鎌倉に疎開させたいというので、トラックを世話したのだ。一穂自身も疎開したいのだが、空き家にして疎開することは固く禁じられている。空き家にして爆弾が落ちると困るからというわけで、あとに住む人を探さねば疎開できないと聞いた。

三月二十三日、高見は妻、母と一緒に大船から福井県三国へ行くため汽車に乗った。恐ろしい混みようだった。人が大勢の上に荷物が一杯である。高見もリュックを背負いトランク二つ、妻は風呂敷を背負いトランク一つを持っていた。中身は郷里へ預ける衣類だった。島木健作は書籍等を青森県の夫人の実家に疎開させるために荷造り中、病勢が悪化した。

［建物疎開］

一九四四年、材木座巡査派出所は疎開のため、乱橋材木座七三〇（現材木座六―三―二七）に移転した。

建物疎開は、空襲による火災に対する防火帯を作るとか、軍用車輌が走り回れる道路を造るとかの名目で行われた。長年住み続けて愛着を持っていた家が、目の前で乱暴に壊されていったのである。市民の勤労奉仕だけでなく、駐屯して来た兵隊も家屋を引き倒す作業に動員された。

鎌倉で建物強制疎開が実施された所はいくつかある。横須賀線の両側。大町の四つ角から南に一・一キロメートルの材木座海岸に至る道路の東側約三メートル（通称材木座本通り）、鎌倉駅西口、現在の御成通りのくろぬま紙店から御成中学校入口交差点まで、坂ノ下では権五郎神社から南の路地や現在「魚勘通り」と呼ばれる海を見晴らせる広い通り、八幡宮前から宝戒寺まで、などであった。「大」八月五日には、「現在疎開で毀している駅の外の待合所」という記述がある。一九四五年七月十日には、鎌倉市授産場（小町三〇九、現小町一‐一〇‐五）が強制疎開で取り壊された。

鎌倉彫後藤家第二十八代を継ぐことになる後藤俊太郎（一九二三〜二〇〇六）は東京美術学校（現東京芸術大学）三年生の時学徒出陣で応召され、松江の航空隊で敗戦を迎えた。復員すると、一九〇〇年に八幡宮前に開店した博古堂の店は八月十日に強制疎開で取り壊され、柱や梁はただ材木の山と化していた。鎌倉彫後藤久慶二代目夫人も、終戦直前（現雪ノ下二‐一）一帯は強制疎開で家を壊され、移転をやむなくされたことを、かつて語った。

隣町逗子のことであるが、健康体操指導者竹腰美代子（一九三〇〜二〇〇一）は次のようにいう。（「有鄰」第333号 一九九五・八）。「私のうちは逗子駅のそばで商人をしておりましたが、駅のそばは全部建物疎開をしなくてはいけなくなった。私のうちは兵隊さんが来て、お店のガラスの一枚戸をハンマーでドーン、ドーンとやっても割れない。家も何度やっても壊れない。とうとうのこぎりで全部ひいて、八月十五日の早朝に横須賀からキャタピラーをつけたタンクが何台も来て、家からひもを引いて一斉に引っ張りやっとつぶれた。それが午前十時ごろだったでしょうか。……それから二時間たって陛下のお言葉を聞きました。でも、その十五歳のときは何とも思わなかったですね。」鎌倉での家屋取り壊しも同様に乱暴に行われたであったろう。

［人の強制疎開］

『鎌倉教育史』によると、一九四五年八月に入って、鎌倉でも老人には疎開させるようなうわさも出て来た（軍事秘密命令で六月に、十五歳以下六十歳以上の婦女子を、長野県松代へ疎開させるため参加者名簿が作成された）。徒歩で中央線与瀬駅（現相模湖駅）まで行き、そこから汽車で長野県か山梨県へ行くという話だった。当時の食料難や交通事情から、実施されたら大混乱になったのではなかろうか。

悲惨だったのは、空襲で焼け出され、住んでいた所にいることが出来ず、着の身着のまま荷物もなく、他の土地へ移らざるを得なかった疎開である。四月三日からは、疎開者と疎開荷物の運賃は無料となった。

［文士たちの日記から］

疎開に関連した事項を挙げておこう。

三月七日　「高」

「現在の家もやがて立ち退きということになるかもしれぬ。立退き先を用意せねばならぬ。母の故郷三国（福井県）へ行くという手もある。しかし、行くには、一年くらいの籠城費を用意せねばならぬ。」

三月十二日　「大」

「鎌倉は強制疎開されるという流説。警察の特高で流布者を検挙しているという。」

三月十五日　「高」

中山義秀夫妻が来て、「蓼科（長野県）に家が借りられそうだ。鎌倉が危なくなったら、みんなで蓼科へ難を避けようということになった。牧夫を求めている。宿屋に雇わ

れて帳付けをやってもいい。なんとか食えるだろう。そんな話が出た。」（この話は二十一日に止めになった）

三月十九日　「島」

「街を歩いてみると、家財道具を山のやうに積んだトラックや馬車、荷車に会う。鎌倉にはいって来るものもあり出て行くものもある。何かひどくあわてだしてゐる感じがおほいがたい。それにしても今時トラックがあんなに利用できるといふのはどういふ者たちであらう。会社とか官庁とかに勢力あるものに限られるのはもちろんであらう。（空襲の）罹災者などが、ピアノや洋服ダンスなどを積んだトラックを見て、どのやうな感をもよほすことか。」

三月二十一日　「大」

「（俳人の）松本たかし（一九〇六〜五六、浄明寺）が、盛岡へ近く疎開とかにて挨拶に来たる。」

三月二十四日　「島」
「町内会の事務所には日に何十となく、疎開についての電話がかかってきて、悩まされる由。我家などでも、動きたくても、また動けと命令されても、動けなくなるのが実際の見透しではあるまいか。」

三月二十七日　「大」
「（横須賀）鎮守府より県庁に電話。湘南横須賀線の沿線二十メートルを疎開させると申入れありし由」。

三月二十八日
石橋湛山は東洋経済新報の編集局の一部と工場を秋田県横手に疎開することにし、鎌倉の自宅からも荷物を運ぶことにした。

三月三十日　「大」
大佛は鰯の食当たりらしく胃痛がし、医師に来診してもらった。「医師は疎開を許されぬなり。」

四月一日　「大」

「たかしも虚子も疎開し鎌倉に斯道の巨頭なきなり。」松本たかしは三月二十一日の項、高浜虚子（一八七四〜一九五九、由比が浜）は前年一九四四年九月より長野県小諸に疎開。

四月五日　「高」

「（極楽寺の）中山君の家の側に前内相のU氏邸がある。海軍のマークをつけたトラックが何台も来て、家財道具をさっと運び去って、いちはやく『疎開』してしまった。トラックなどをそうやって使える人々はいいが、そうでない庶民は、逃げ出したくても逃げ出せない。私の隣組でも、金利生活者の（二人の人は）すばやく家を売って、逃げ出した。いずれも貨車を借りたらしいが、正式の手段では借りられない。『よく借りられましたね』（疎開できた人の娘は、鎌倉の警察署長と懇意にしているから借りられたと得々として答えたという）。闇を取り締まるはずの警察が今では闇の元締めになっているのであろうか。」

四月七日「大」

大佛は建長寺招寿軒で句会。「草餅の甘いのが出て驚く。あとは野菜料理だが東京の面々喜ぶ。」砂糖は当時大変な貴重品だった。

疎開びと簞笥を負いて花の駅

四月十一日「高」
高見は久米と大佛の家を訪ねた。蔵書家の大佛の本をどこかへ移した方がいいと久米がいった。しかし大佛は「移しようがないんだ。円覚寺に立派な書庫があるんで、いくらか預かって貰えないだろうかと話に行ったら、檀家の道具でいっぱい……。」
四月十二日「高」
〈鎌倉は〉「一時は騒然たる空気だったが、慌しく逃げ出す人々が〈逃げ出し得る人々といった方がほんとうだ〉逃げ出してしまったあとは、また静かになった。そして私や一家の気持ちも落ち着いた。残れるだけ残ろうという気持ちだ。逃避できるところがあったら避難した方がほんとうに安心で、逃げ出せる先がない。よしあってもそこで暮らせる自信もなく、荷物を運ぶ手立てもない。」

四月十四日
島木に青森県から疎開を勧める手紙が来た。

四月二十四日
高見は運送屋の顔で三国に荷物を送れることになった。

四月二十六日「大」
「本覚寺の通夜の帰りに里見氏（弴、一八八八〜一九八三。一九三六年、西御門より小町に転居）のところへ行って十一時半まで話す。（里見は）現在の生活を続ける為の疎開でなく、生活をここで打ち切って鳥羽へ行き百姓を始めることを考えていると云う。」

四月二十七日

島木の家へ、北畠八穂が山形へ疎開すると挨拶に来た。

四月二十八日

石橋湛山は横手に向かって鎌倉を発った。

五月九日

銚子に疎開した久生十蘭（一九〇二〜五七）が大佛にコノシロの干物を送ってきた。

五月二十一日

キリスト教主題の画家の長谷川路可が、山形に疎開すると大佛に挨拶に来た。

六月九日
吉野は連日疎開書物の整理。群馬県富岡にメガネやカミソリなど人に託して疎開。

六月十二日　「吉」

吉野は画家中村琢二（一八九七〜一九八八）の名越のアトリエへ荷物を託す。荷車を五円で借り、二往復（一往復約六キロメートル）。「午前中かゝり、へと〳〵となる。」

六月十三日
吉野は運送屋から本、食料などの運送がきくようになったと言われ、荷物八、九個作った。ただし一個三十キログラム以下にせよと言われた。翌日も本を詰める作業。

六月十六日　「大」

「鎌倉でも線路の両側五十米の人家を強制疎開させるそうである。」

六月十七日　「大」

「電車線路沿線二十五米の家を強制疎開させることに決まったそうである。」歌友の村田良策（一八九五〜一九七〇、美術史家）夫妻が桐生へ疎開の日と思われるが、吉野は見送りに行かれなかった。

六月十八日「吉」

「遠藤氏（早見美容院主人）が来る。寿福寺前より駅をへてガードに至る間線路南傍五十米づゝの幅にて立退命ぜられ、君の家もこれに含まれるゝ由。」

六月二十日「大」

「（「フクチャン」の漫画家）横山隆一（一九〇九〜二〇〇一、大町）は上田の疎開先で赤ん坊が脳膜炎になりしとて、急遽身延まわり出発する由。田舎への疎開水が変わるので子供の健康に影響し、電話もない村で医者を呼ぶにも困る。不都合あり、奥さん鎌倉へ帰りたがっているという。」

六月二十一日

大佛が赤倉（新潟県）に疎開させようとしていた荷物を、トラックが急に取りに来た。急いで箱やトランクなど五個を出した。吉野は応接室の壕を大整理。運送屋に来てもらい疎開の荷造り。粉団子と煙草二本を渡した。

六月二十三日

近所に住む料理屋出井のかみさんが疎開すると大佛に挨拶に来た。

六月二十五日

吉野は運送屋と終日木箱作り。昨日今日で十二個作った。

六月二十七日「吉」

「駅へ行き、本類発送の件訊す。一人はよしといひ、一人は駄目といふ。すべて闇の催促なるのみ。遠藤へ寄り、強制疎開の見舞いふ。」

六月二十八日
大佛は赤倉に疎開させる本を箱に詰める。（翌二十九日も）知人に疎開を勧められた。吉野は名越谷が近く強制疎開になるというわさがあると聞いた。

六月二十九日
吉野は明日高崎へ行く準備。木箱一つチッキ（鉄道による手荷物輸送）で出した。

六月三十日「吉」
吉野は長野県へ疎開する画家中村琢二の一家三人と同じ列車に乗り、高崎へ。車窓より下車。「壮児（富岡の祖父のもとに疎開していた次男）、結子（次女）を百日ぶりにみて共にやや太れるをよろこぶ。一つ蚊帳に眠る。」

七月一日「大」
大佛は扇ガ谷の知人の壕に本を疎開させるため乳母車を借りて載せ、夫人が押し、近所の人が自転車に積み、当人ともう一人で本を抱えて四人で持って行った。赤倉行きのトラックに木箱五行李一を積み込んだ。和歌の本は熱海へ送ることにする。「これだけでも個人の蔵書としては相当なるものも、この家にては九牛の一毛の感あり」。

七月二日「大」
すし屋のかみさん「男の子を連れ、福島の田舎に帰ると、挨拶に来る。今の鎌倉にいて女手で苦労しているよりはその方がいい。」

七月五日「高」
貸本屋鎌倉文庫の店に来た福永恭助（一八八九〜一九七一、海軍軍人から小説家、扇ガ谷）が、「鎌倉はたとえ戦禍を蒙らなくても、食料に窮し、餓死の危険があると力説した。食料のある平野へ、今のうちに逃げておいた方がいいというのだ。もちろんその方がいい。安心だ。だが鎌倉を離れて居食いはできない。金のある者が結局生きのびるのだなと思うのだ。」

七月七日
大佛は明日からの新潟方面への旅行の準備に、若宮大路の横須賀線ガード際にある片野理髪店に出掛けた。主人は吊ズボン姿で常連客を迎えたが「先生、この店も明日から閉店です。この辺りもいよいよ建物疎開が始まります」と顔色は冴えなかった。
（清田昌弘『かまくら今昔抄60話　第二集』）

七月十一日
吉野は和田塚の書家を訪ねた帰途遠藤に会い、「強制疎開にてぶちこわされたるその家の狼藉たる有様をみる。」

七月十六日
吉野は朝日新聞の人と自転車で、市が使わせてくれるという「市の穴蔵見にいく。華の橋右折し七丁半ばかりの山の上にあり。窟は六百坪（約二千平方メートル）。いわゆる蝙蝠窟也。書物を預かりくるる予定の箇所見る。」

七月二十二日

大佛は小林秀雄の壕に陶器辞典を預かってもらうことにした。吉野は「防空壕の中へ荷物運び込み、茶箱一つ庭畑の中へいけ、貴重品入れる。今夜から当地が危険との風評がありてなり。」

七月二十三日

吉野は座右の文房具類を悉く荷造りした。「身辺とみに索漠たり。」大佛邸へおしかけたが、夫人は不在。修善寺付近の牧ノ郷という所へ疎開家屋を見に行ったという。疎開を大佛がどう考えたのかはわからないが、夫人は実行を思ったのだろうか。

七月二十四日

高見のもとへ山田雨雷（鎌倉文化連盟事務局長、俳人）が来て、長野県へ疎開すると言った。吉野は小林秀雄の穴蔵に木箱を預けるため、自転車で長女皆子と一緒に持って行った。

七月二十五日「吉」
吉野は日通に荷物を託すため、運送屋に駅まで運んでもらうのにチップ十円、日通にチップ五十円を渡した。「大谷〈豊嶋屋の隣〉の家が強制疎開となり、物をうるよしにて、（長女）皆子といきてみる。ろくなものはなく、しかもばか〳〵しき高値也。（大谷）嘉右衛門（横浜で茶の輸出を扱かった一番の貿易商）の子孫にして如是。これ亦世も末なる一現象ならずや。」

七月二十六日「高」
高見が東京の情報局の会合に出ている留守に、「妻が家立退の予告を受けた。裏山に新しく陣地ができ、その砲の射撃の邪魔になるので、いずれは立退を命ぜられ家をこわされるだろうというのだ。勝手にしやがれ！」

「大」――「（鎌倉駅の）小荷物の受付に人が群がって、腰かけたり床に座っていること相変わらずである。難民の形相としか云えぬ。」

七月二十八日　「高」

「市役所の穴蔵の一部を、（鎌倉文化連盟に）貸してくれるのである。書物という国にとって大切な文化財を護ろうというのである。こういう大切な仕事を政府は決してしない。自分たちでしなければならない。鎌倉市役所は、われわれのために、大切な文化財のために、穴蔵の一部を提供してくれるというだけ、ほかのところより、ものがわかっている。もののわかった人物がいるのである。」

七月二十九日

今日出海がよこしてくれた明大生二人に手伝ってもらい、大佛は本を箱に詰め、大八車で小林宅の穴倉へ運び入れた。夕方、学生たちの慰労のため残っていたウイスキーを掘り出し、夫人がライスカレーを作った。吉野は木箱四個を小林方に、長男長女と共に運ぶ。

七月三十日

吉野は車に屏風、机、額の類を積んで名越へ運ぶ。

七月三十一日
吉野は荷車を三円で借り、木箱二つ竹籠一つを長女と小林の穴蔵へ運ぶ。

八月五日　「大」
「鎌倉駅で老婆の乞食が死んだ。餓死ではなかったらしい。現在疎開で壊している駅の外の待合所に寝泊まりし、付近の食堂で食っていたらしい。」午後から明大生二名が手伝って、中箱二、小箱二に本を詰め、小林宅に運んだ。吉野も本の荷物五個と竹籠入り台所道具一つを小林宅へ運ぶのに荷車で二往復。午後穴蔵内を整理して運んだ荷物六個を運び込んだ。

八月八日　「吉」
「けさ、日通荷物八個取りに来る。十円与ふ。後にきく、三十円位与ふるべきもの、よし、驚くに堪へたり。」後に別の者が来たので百円与えて分けるように伝えた。「酒をねだられ断り、煙草を少し与ふ。子供の衣料品ねだられこれも諾す。まるで雲助也、盗賊類似也。」

八月九日「大」

「横山隆一君の妻君疎開先信州で二日急逝、子女四人あり。くやみを出す。気の毒である。」

八月十二日

吉野は知人の会社社長のバスに荷物を詰め込み、長女と富岡へ。富岡あての書物の荷五個着いていたので安心した。

八月十四日

吉野が数日前鎌倉で出した書物の荷八個、富岡に到着。

防空演習

空襲に備えて防空義務・防空精神が叩き込まれ、消火訓練など防空演習が町内会などで行われた。大佛の日記では、一九四四年九月十三、十四日に演習のあったことが記されている。落下した焼夷弾の火を消すため、バケツリレーで水を運んだり、火たたき（火ばたき）という長い竹竿の先に三十センチくらいに切った縄を結び付け、水で濡らして火を叩いて消すというような原始的な訓練が行われ、訓練への参加を拒むことはとても無理だった。しかし大型のM47焼夷弾はとても消せるものではなかったし、小型でもM69焼夷弾の火に水をかけると、逆にゼリー状に加工された油脂が飛び散り、人などにこびりついてひどいやけどの危険があった。消すよりも逃げる方が人命を助ける道だった。しかし軍や警察は、三月十日の東京大空襲からの教訓を学ばず、無駄な方法に固執し、命を守ることを第一としようとしなかった。五月二十四、二十五日に東京はまた大空襲を受け、ほとんど壊滅した。その翌日の二十六日と二十七日、鎌倉では相変わらずの防空演習が行われた。高見は若宮大路の鎌倉文庫の店でその演習に参加した。

「店の前へ、白旗を立てた自転車が通る。これが『敵機』である。店内の客に『退避』して貰うと間もなく、店の前へ『爆弾』落下。隣組の人たちと一緒にバケツで水をぶっかける。次から次へと『爆弾』落下。／町内会の演習である。町内会長の講評を聞きに、『集まれ！』の号令とともに私は店を代表して駆けて行った。男は私と学生だけだった。あとは女ばかり」(「高」)。吉野は演習を特に免除され、代わりに防空壕掘りの勤労奉仕に出た。このころ市内各所の寺院や学校などを宿舎として、急増の兵士が駐屯した。しかしもう各自に渡す小銃さえなかった。しかし兵士に銃は不要だった。兵士の任務は上陸してきた敵の戦車に爆雷をもって飛び込み、自爆することだった。これを大真面目で訓練した。空襲下の退避不可と同様に、国民の命は尊重されなかった。

大町での防空演習の様子。昭和18年頃。
(写真：鎌倉市図書館寄託。山本尭氏提供)

高射砲

二月十七日 艦載機が荒れ狂った日、吉野が庭に落ちた高射砲弾の破片を大佛に見せに来た。トタンに穴をうがち板塀を抜いたという。高射砲弾は高空のB29には届かず、高速の艦載機にもなかなか命中せず、逆に上空で破裂して破片となって落ちて来るため、空襲されていない所でも高射砲が射撃されると危険だった。高射砲弾の破片の切口は鋭く、物に突き刺さると、手では抜けないくらいだった。子供たちは小刀にちょうどいいと争って拾った。十七日に落下した破片の数は多く、二名が負傷したという。「痕」酒井富美雄氏「頻繁にあったことではないが、材木座の五所神社近くにあった我が家の屋根に高射砲弾の破片が落ち、瓦が割れて穴があく被害を被ったことがあった。」

高射砲(海軍では高角砲といった)は、鎌倉周辺ではどこにどのような種類の砲や高射機関銃が何門配置されたか、よくわからない。「痕」の地図にも、高射砲陣地は山崎の一か所のみしか記載されていない。毛塚五郎『東京湾要塞歴史』にも記述はない。

高射砲や探照灯の陣地に一般の人が近づくことは、軍の規制によりできなかったせいもあろう。

台四丁目の通称水道山からは大船が一望できるがここに高射砲があった（「広報かまくら」）。次の三点は「痕」の記述。

○島村皓一郎氏「七里ガ浜の江ノ電鎌倉高校前と七里ガ浜駅の中間丘上には四基の高射砲が大きなコンクリート作りの台座の上にありました。昭和二十年になりますと敵の戦闘機がすぐ目の前の青い七里ガ浜の海上、高射砲陣地をバカにするように高く低くおどるように飛んでいました。」

○山崎の富士飛行機の工場の大船寄りの山の上に、高射機関砲が設置されていた。一機落とすと一週間の休暇がもらえたという。

○逗子の柏原あたりの高射砲（機関砲）が下から撃つものの敵機には届かず、パラパラと火の粉が落ちてくるだけだった。

八月三日「吉」

「敵機三北より南へ飛ぶ。鎌倉山の高射砲とどろく。爆弾投下かと思ひし程の轟然たる音響なりき。〈鎌倉山の高射砲は始めて発射せるよし、後にきく〉」

隣町逗子の披露山の頂上には二連装十二・七センチ高射砲二基が備えられていた。二月十六日の空襲ではこの高射砲により米軍機一機が小坪の海に落とされた。パラシュートで降りた操縦士は住民により殺されたと伝えられる。砲座は現在も残り、披露山公園の猿山として使われている。

住民の命を護る防空壕の整備を思わなかった軍や行政は、頭を護る鉄兜も供給しなかった。代わって考案されたのが竹製の兜だった。『市史 近代通史編』には井上式防空用竹製兜の史料が載っている。「一右ハ陸軍築城本部抗力試験ノ結果、高射砲弾片ニ抗シ得ルコトヲ証明サル　一内務省防空局ニ於テ一級品ノ部ナルコトヲ証サル……一価格神奈川県許金六円也。」重さは〇・六キログラムだった。

竹製の防空兜。散弾程度であれば防ぐことができたという。
(写真提供：板橋区立郷土資料館)

国民学校と空襲

空襲が激しくなると、児童は毎日防空頭巾の携行を命じられ、常に首にかけ背に負った。駅へ行く途中に国民学校の生徒の下校に高見は出会った（一月九日）。「いずれも頭巾をかぶっている。小鳥のようである。」

第一国民学校では校庭の四方のすみや、校舎の前面に簡易防空壕が掘られた。屋根はなく、単に爆風よけのものであったのだろう。高射砲弾破片の落下に対してはどう対応するつもりだったのだろうか。登下校の途中で警報が鳴ったら、すぐに防空頭巾を被り、土塀などのしっかりした建造物の根元に、両手親指で両耳たぶを前に抑え、残りの四本指で固くつむった両目を抑えて伏せ、爆風にやられることを防ぐ。こういう訓練は学校で日ごろから行われた。

警戒警報が出ると児童は登校せず、また学校から下校することになっていた。遠距離の通学が危険になると、分散授業が行われるようになった。第一国民学校の三年生以下は次のとおり。極楽寺方面は熊野神社社殿、極楽寺本堂。長谷坂ノ下方面は成就院本堂、光則寺、四条金吾邸跡（収玄寺）本堂、内藤氏邸別室。腰越国民学校は鈴木療養所別館に二組が分散した。第一国民学校の上級生が成就院に机椅子を運ぶ時に空襲警報になり、おおあわてで避難したことは既に見た。

空襲が頻繁になると、児童が登校しなかったりすぐ下校したりで、授業時間の確保が難しくなった。一九四五年五月には県の内政部長より、警報が発令されてもなるべく下校させず、また下校しても、警報解除後は再登校して授業を続行するよう通達があった。この年八月、夏休みはなくなり、児童は毎日登校するようになった。

教員は、警報が発令されれば深夜でも学校警備に駆けつけることを義務づけられていた。自転車に乗るか徒歩で駆けつけるしか方法がなかった。女性教員も二人一組で宿直、警備に当たっていた。被災の時に真っ先にしなければならないことは、天皇の写真（御真影といった）を大切に持ち出したりして、その安全を図ることであった。

鎌倉に住んだ海軍将官と空襲の関わり

横須賀鎮守府の海軍高官の中には鎌倉に居住する者が多かった。海軍軍人が多く住んでいたので「海軍村」(台)、「海軍横町」(大町の通称中道に面した住宅地)と称された地域が市内に二カ所もあった。鎌倉に家のあった高官と空襲との因縁をいささかこじつけになるが見ておこう。

一九四〇年十二月八日の対米英開戦は、海軍のハワイ真珠湾攻撃より陸軍のマレー半島上陸の方が早かったが、一般には華々しい戦果を挙げた真珠湾攻撃からと思われている。その真珠湾攻撃を発案したのは連合艦隊司令長官山本五十六大将(一八八四〜一九四三)だった。山本の家は材木座一丁目にあった。ハワイ攻撃の旗艦赤城には、第一航空艦隊司令長官南雲忠一中将(一八八七〜一九四四)が乗り込んでいた。南雲の家は北鎌倉の台の海軍村と言われた地域にあった。

本土初空襲となった一九四二年四月のドゥリットル空襲は、敗北が続くアメリカで軍民の士気を鼓舞するために企画実行された。本土空襲はありえない、させないと言っていた軍部は、予測していなかった米軍空襲を受けて混乱した。海軍は米艦隊主力を撃滅しようと、ミッドウェー攻撃を企画した。その作戦の主役となったのが、南雲中将の第一機動部隊だった。しかし勝利におごっていた連合艦隊首脳部はアメリカ機動部隊の出現を考えていなかった。南雲艦隊はミッドウェー海戦に四隻の航空母艦を失い大敗した（六月）。南雲はその後中部太平洋方面司令長官としてサイパン島の守備に当たった。一九四四年六月に上陸した米軍に押され、南雲は七月六日、副官荘林規矩郎中佐（家は材木座）らと共に自決し、八日アメリカはサイパン占領を宣言した。民間邦人約八千から一万人は軍に見捨てられた。サイパン島を占領した米軍はグアム島テニアン島も攻略し、これらマリアナ基地からB29を日本に向けて発進させ空襲が激化することになった。なお南雲と荘林の墓は北鎌倉の円覚寺黄梅院にある。

ウォーナー伝説

毎年八月一日、新潟県長岡市では信濃川の河川敷で花火大会が行われる。空襲被災者慰霊の為とされている。一九四五年八月一日深夜、長岡市は空襲を受け、死者千百四十三名、焼失家屋一万五千百二十三戸、市街地の約八十パーセントを焼かれる被害を出した。長岡はハワイの真珠湾攻撃を発案した山本五十六の故郷だから報復されたのだという噂もでた。米軍は日本の都市百八十を人口順に並べ、人口の多い都市から空襲をする計画を立てていた。長岡市は七十三番だった。当夜は三十六番の富山、七十五番の水戸、七十九番の八王子などが被災している。もし山本五十六の故郷への報復の空襲であったのなら、山本や南雲忠一の住んだ鎌倉への爆撃もありえただろう。しかし鎌倉への大きな空襲はなかった。何故だろうか。先の百八十都市のリストでは、鎌倉は百二十四番めに挙げられていた。その順位まで行き着かぬうちに日本が降伏したから、鎌倉は空襲されなかったのだろう。ところが鎌倉が空襲を受けずにすんだのは、ウォーナーというアメリカ人学者のおかげだという説がある。鎌倉駅西口広場に高さ二メートルほどの御影石の碑が建っている。アメリカ人ランドン・ウォーナー（一八八一〜一九五五）の顔のレリーフと「文化は戦争に優先する」という言葉が刻まれている。ウォーナー博士はハーバード大付属フォッグ美術館東洋部長で日本研究家であった。日米開戦となると、博士はアメリカ美術界の代表者たちと「文化は戦争に優先する」とルーズベルト大統領に訴え、京都・奈良・鎌倉をはじめ日本全土にわたる重要文化財のリストをつくり、多くの日本の文化財を救ったのだという。市内の政・財界、文化人、市民らが募金活動を行い、碑は一九八七年四月に建立、除幕された（『鎌倉に異国を歩く』）。

ところが吉田守男（一九四六〜）氏が『京都に原爆を投下せよ　ウォーナー伝説の真実』という本を出版した（一九九五　角川書店）。吉田氏の本や論文によると、ウォーナーリストは文化財保護のためのものではなく、ウォーナーが京都・奈良・鎌倉を救うよう進言をしたという証拠はどこにも存在しないし、氏自身が過去に明確に否定したというのである。吉田氏は著書の中で次のように書いている。「（文化は戦争に優先するというウォーナーの言葉は）アイゼンハウァー（第二次世界大戦の連合軍総司令官）の指令『軍事的必要性よりも優先するものは何もない』と完全に矛盾しており、誤解を通り越して皮肉ですらある。『文化は戦争に優先する』とは『優先』させようとしたとされるウォーナーをたたえ、ひいては、それを政策として採用したとされる米軍の戦争政策をたたえていることになる。これは《ウォーナー伝説》の信奉者がうわさの上に尾ひれを付け足していくようなものであり、滑稽にさえ思われる。」

先に挙げた百八十都市のリストでは、奈良は八十番め、鎌倉は百二十四番めで、爆撃対象の例外に入っていない。京都の場合は原爆投下目標として「温存」されていたから空襲を受けなかったのである。「痕」でも、西山利彦さんは「昭和二十年二月十一日に撮った米軍の航空写真では、この富士飛行機が空爆のターゲットにされていたのが解る。終戦がもう少し長引けば、空襲にあったことと思われる」と述べている。

大佛は、「ボストンの東洋美術協会が奈良と京都は古美術保存の見地から空襲するなと進言し、当局も承認したという話がある」と、八月六日に記した。しかし鎌倉も除外されたとは書いていない。もし除外に確信が持てたなら、大佛は仲間の文士たちに話したかもしれない。しかし吉野や高見の日記にはそういう話を聞いたという記述はない。

鎌倉の隣町藤沢は百八十都市のリストでは百三十三番で鎌倉より下位だった。大きな空襲はなかった。空襲されなかったことについて、県立湘南高校に伝えられている話がある。湘南高校の前身湘南中学は一九二一年に創立されたが、創立当初ピーク(Peake)さんというアメリカ青年が英語を担当した。日米戦争になるとピーク氏はアメリカの対日戦略の経済情勢分析に当たっていた。藤沢や湘南中学に対する愛着の思いを持ち続けていたピーク氏は、「藤沢に軍需工場がある」という情報に接しひどく心を痛め、独自の調査で「その工場(日本精工)は消費物資の製造関係の工場である」という報告書をまとめ国防総省に提出したので、藤沢は戦火を免れた、というのである。このことも米軍資料で確認できるとよいのだが……。

治安維持法体制下の鎌倉で

治安維持法だけではなく

国民の自由と権利を奪った最大の悪法は一九二五（大正十四）年に制定された治安維持法だった。しかし治安維持法だけが抑圧法だったのではない。以下にあげるような多くの治安法規や条例が国民を縛りつけていた。そこでこれらを一括して治安維持法成立以降を治安維持法体制としておきたい。引用文中の（　）内は著者補注。

一八八二　刑法（内乱罪・内乱予備罪・朝憲紊乱罪）
一八八五　違警罪即決令（を用いての拘留刑）
一八九三　出版法
一八九九　軍機保護法
一九〇〇　治安警察法
　　　　　行政執行法（を用いての行政検束）
一九〇九　新聞紙法（新聞だけでなく、定期的に発行される雑誌も対象）

一九二三　治安維持令
一九三六　思想犯保護監察法
一九三六　不穏文書取締法
一九三九　軍用資源秘密保持法
一九四一　予防拘禁制（治安維持法改定）
　　　　　国防保安法
一九四一　新聞紙等掲載制限令
一九四一　言論出版集会結社等臨時取締法
一九四二　戦時刑事特別法

特高・特別高等警察

治安維持法を盾に暴威をふるったのが特別高等警察すなわち特高だった（一九一一警視庁に設置、一九二八全道府県に設置）。どんな悪辣・卑劣な手段を使ってでも、自分たちの意に反する者を摘発・弾圧した。小説『一九二八年三月十五日』で特高の実態を暴いた作家小林多喜二は、東京築地警察署に検挙され、拷問の末虐殺された。弾圧は被摘発者に対するだけではない。被摘発者の周辺にまで不気味な影響を持った例を新聞記事から二つ挙げておく。

「物心つく前――わたくしは昭和十一年の生まれだ――に引き払ったので、その家（青山一丁目）の記憶は全くない。ところが、生け垣の木戸を押して庭に足を踏み入れる黒い人影が見えてくる。不快な過去を忘れようとする母の言葉に何度か登場した、不気味な男である。／父が出勤するのを見はからっていたように、週に二度か三度、帽子を目深に被った男が生け垣の木戸を押して入ってきて、縁側に座りこむ。怪しい者じゃありませんと初めて踏み込まれたときは背筋が震えるほど脅えたが、その後は、しばらく世間話をしたあげく、また寄らせて貰いますというなり、男は何ごともなかったように辞するのだという。中学生になっていたので、それが特高警察の関係者だとはすぐさま見当がついた。」

評論家・蓮實重彦 朝日新聞 二〇〇九・六・二十五

「一九二九年は小林多喜二が『蟹工船』を発表した年だ。／この年三月、十九歳の印刷職人だった（松本）清張は突然、小倉署に連行され、十数日間留置された。友達がプロレタリア文学の雑誌『戦旗』を持っていたせいで『アカ狩り』にあったのだ／「半生の記」に記している。〈釈放されてからも、近藤という刑事はたびたびやってきた。彼が来るたびに父は酒をタダ飲ませた。刑事のしつこさを、このとき知った。〉」

朝日新聞二〇〇九・八・十四

特高警察による監視は長く長く続いた。転向者に対しても同様だった。例えば、文学者高見順。彼は一九三二年（昭和七）に検挙され、やむなく転向し、翌三三年に釈放された。十年後の一九四三年四月、東京の大森から北鎌倉に転居した。彼は長年にわたり日記を綴ったが、その同年十二月二十九日の記述。「昼、特高係来る。十数年前のあやまちのため今だに——。神経質の自分は、ために終日気分暗し。警察政治なるものがなくなるのは、いつの日か。」鎌倉文士たちは、一九三六年鎌倉ペンクラブを作り、十一月に発会式をあげた。一九三八年四月現在で作られた会員名簿では四十二名だった。名簿は鎌倉ペンクラブの名入り封筒で、神奈川県庁内の警察部特別高等課の刑事に郵送された。治安維持法違反で検挙され、保護監察処分とされていた会員がいたからであろう。その会員とは島木健作や林房雄らだったろうか。

特高警察の恐ろしさは今後の本文の中に十分出て来るが、恐ろしいのは特高だけではなかった。より以上に権力を振い恐怖をもたらしたのは、軍の警察である憲兵だった。憲兵は軍隊内部の犯罪摘発を主任務として創設され、一九二八年には思想係も置かれた。軍隊内の犯罪だけでなく、軍隊の武力を背景として、国民に対し警察以上の抑圧を加えた例が少なくない。太平洋戦争末期の国内憲兵は、国内防諜、敗戦思想の監視、ヤミ取り締まりなどにも没頭した。一九四五年の状況について、半藤一利は『昭和史』（二〇〇四）P．437で、（憲兵・警察の摘発・取り締まりで）「言論の自由などカスほどもなくなりました。また民間の隣組や翼賛壮年団などという団体が憲兵や警察の連絡者のようになって、裏側でさす（密告する）ので危なくてしょうがない」と書いた。

このような抑圧体制下の鎌倉で一九二五年から敗戦の一九四五年までに、どのようなことがあったかを、主に文士の記録から探ってみたい。（弾圧側の鎌倉警察署の特高については記録があるのだろうか）。清田昌弘『かまくら今昔抄100・101「鎌倉昭和断章 上・下」』（『鎌倉朝日』二〇〇六、後に『かまくら今昔抄60話』第一・二・三集として出版）に鎌倉署特高であった海老原利蔵（一九〇三～二〇〇四、一九三二特別高等課刑事）からの聞き取ったことがいくつか書かれている。次の記述は一九三二年十月鎌倉で検挙された共産党中央常任委員紺野与次郎と夫人キミのことではなかろうか。「あるとき、指名手配中の左翼の大物が小町の二楽荘付近に潜伏しているという情報があった。刑事らが家を取り囲んで踏み込むと、もぬけの殻だった。ところが材木座交番の巡査が近くに引っ越してきた人がいると聞き込み、これが逮捕につながった。……海老原がこの家で見たのは、家捜しにあわてた家主の妻が赤ん坊を逆さに抱いて、二階から転がるように降りてきた光景だった。」

神奈川県の特高体制について、荻野富士夫「特高警察百年」(雑誌『歴史地理教育』二〇一一年八月号)から見ておく。神奈川県特高課は課長以下警部三名・警部補十四名。県内各警察署には特高主任(警部補ないし巡査部長)を配置。巡査部長・巡査を含めると、神奈川県警察部全体の特高関係者は百五十名以上になると見られる。他県に比べて、神奈川県特高網は質量ともに強力だった。

治安維持法違反に対する横浜地裁検事局の動きを、一九四一年五月十六日から一九四三年十月三十一日までの集計でみると、「受理総数」は百七十七名(起訴三十二名、起訴猶予八十一名など)。さらに治安維持法違反以外の「思想事件」として国防保安法違反等百二名、事変惑乱十九名、不敬十三名、言論出版集会結社等臨時取締法違反等六十一名、総計四百六十七名の検事局「受理数」。警察段階のこれらの「思想事件」の検挙者数はおそらく数倍を越えるだろう。すなわち、戦時下の特高警察は治安維持法を筆頭とするさまざまな治安法規を活用して、戦争遂行に障害があるとみなした言動や思想を地表下からも抉り出していたのである。

鎌倉での文士・学者などと治安維持法

治安維持法が制定された一九二五年から敗戦の一九四五年までの間に、鎌倉で同法と関わるどのようなことがあったか、文学者の記録を中心に見ておきたい。

［小牧近江］

一八九四〜一九七八　反戦運動と労働者の立場に立ち続けたフランス文学者・評論家。大正期に反戦・平和のクラルテ運動を日本で実践。関東大震災時の朝鮮人虐殺・亀戸事件に抗議。

娘桐山清井（一九二三生）の記述（『かまくらの女性史　33人が語る　大正・昭和」二〇〇四　鎌倉市）「家族四人で稲村ガ崎へ移り住んだのは、大正十四年九月、わたくしが二歳のときでございます。／その当時の稲村ガ崎は、お店は魚屋と八百屋だけ。十軒ほどの別荘があり、……どこもしゃれた家で、独特の雰囲気がありました。／初めのうちは、何軒か貸家を転々といたしました。いつも特高が来て、社会主義者だから貸すなと言うのです。そんなことを言われればあのころの善良な村の人は怖がりますよね。それで家を建てようということになりました。同じように苦労していた山川均さん、菊栄さんご夫妻も、父がお世話して近くに家を建てて越していらっしゃいました。親しくしていたんですが、両方の家の真ん中に、警察が掘ったて小屋をつくり、いつも交替で見張っていました。」「二・二六事件のときには、同じ別荘族の隈元さんのおばあちゃんが、山川均さんと父を憲兵や警察の手からかくまってくださいました。」現在の地番では、鎌倉市稲村ガ崎三－三－一七になる。小牧近江は、一九七一年三月四日毎日新聞夕刊『タネマキスト50年』で述べている。「しょっちゅう引っ越しをしたね。特高が家主をつつくものだから。夜中に帰ってみると、貸家札が下がっていたこともある。ぼくがいない間に家族は引っ越しているんです。治安維持法ができたのは大正十四年三月だけど、それで特高関係の予算が急にふえた。使い道がないので、神奈川県警察部などは山川均さんと私の家との間に掘立小屋を建てて、毎日、横浜の県警から一人、鎌倉署から二人、昼も夜も見張りさしていた。景色と空気がいいので、代わりばんこに保養がてらによこしたんでしょうね。山川さんがあの体で逃げるはずがないんだからね。」「だけど、毎日顔を合わせていると、特高とも仲よくなっちゃってね。……」「便利だったのは、借金取りを撃退してくれたことだね。昔は盆と暮れの二回払えばよかったので、そのときに特高が〝オイ、コラ、どこへ行く〟となると、借金取りはみんなふるえあがって逃げたものですよ。」

小牧近江自身の文をもう一つ。『鎌倉回顧』(一九六九　鎌倉市市制三十年記念誌)「稲村ガ崎の切通しが開さくされたのは昭和十三年三月である。………切通しは難工事だったと思う。……土砂崩れなどで、工事に犠牲者がでた。その中には朝鮮の働く人びともいた。たまたま私は、津田光三がその現場監督をしていたことを知った。……私はかれの陣中見舞いをすることにし、酒の二升もおくろうと思ったが、ふと、〝働く者には力持ち〟に気づき、坂の下の〝力餅屋さん〟に特別の大福餅を注文することにした。山盛り盤重《ばんじゅう》が二重ねとどけられたのにびっくりした私に、使いの者がいった。／『旦那がいってましたよ。わしにも仲間入りをさせて貰いたい、とね。』／切通しから展望する富士山の優雅さは、だれも知っている。」

戦後のことになるが、二件のことをあげておこう。一九四九年五月三日憲法記念日に、全国に先駆け鎌倉平和集会がもたれた。小牧のヒントでフランス革命の「自由の木」にちなみ、鎌倉駅前ロータリーに「平和の木」としてイチョウを植えた。そのイチョウは後に現在の市庁舎脇に移植され、大きく育っている。

『種蒔く人』（小牧が反戦平和を掲げ、一九二一～一九二三にかけて出版した雑誌）記念碑。自宅邸内にあったが、現在は鎌倉文学館に移されている。

〔山川均・山川菊栄〕

山川均　一八八〇～一九五八　社会主義運動の理論的指導者。

一九〇〇　雑誌掲載の評論が不敬罪に問われ入獄。

一九〇八　社会主義運動で検挙され、以後何度も検挙される。

一九二三　第一次共産党事件で検挙。

一九二五　鎌倉材木座に移居、以後鎌倉に定住（稲村ガ崎三‐八‐三〇）

一九三六　藤沢市弥勒寺に移る。
一九三七　人民戦線事件で検挙。

山川菊栄　一八九〇～一九八〇　婦人運動家・評論家。

一九一二　女子英学塾（現津田塾大）卒業。
雑誌「青鞜」に執筆。
一九一六　山川均と結婚。
一九二八　合法無産婦人運動の統一につとめたが、病弱もあって運動の第一線から退き、多くの評論・時評を執筆。戦争に対して非協力の姿勢を保った。
一九三六　藤沢市弥勒寺に移り、鶉飼育で生計を保つ。

「一九三七年十二月十五日、全国三府一道一四県にわたり四百十七名がいわゆる人民戦線事件で一斉に検挙された。山川均も東京の久松署に移されるまで鎌倉署に留置された。山川は胸が悪く、海老原の前任の刑事は家で出されたお茶は飲まなかった。海老原は同郷相馬出身の署長に頼んで病弱の二人（一人は大森義太郎）に差入れをした。」
（清田昌弘『かまくら今昔60抄』第二集）

［大森義太郎］

一八九八〜一九四〇　社会主義者・「労農派」の中心メンバーの一人・評論家。鎌倉市大町塔ノ辻二〇〇。

一九二八　三・一五事件の余波で自ら東大助教授辞職。

一九三三　大町塔ノ辻二〇〇の借家に移る（↑一九三〇　大町塔ノ辻一七〇↑扇ガ谷の借家）袋小路を隔てた大きな二階家は当時の首相浜口雄幸が別荘に借りていた。

一九三七　「戦争と言論統制」雑誌『自由』一九三七年九月号掲載。最初の六行だけで以下削除。
（『自由』の主宰者は伯爵伊東治正――伊東巳代治の孫）
（同志たちからの来信を風呂を沸かすたびに焼却）

一九三七　人民戦線事件で検挙（全国で四一七人〈『国史大辞典』による〉。山川均・荒畑寒村・猪股津南雄・鈴木茂三郎・向坂逸郎・加藤勘十ら）（翌年第二次検挙。大内兵衛・宇野弘蔵・有沢広巳・脇村義太郎・佐々木更三・江田三郎ら）。

一九三八　肋膜炎が悪化して仮出獄。

一九三九　保釈出獄（高輪署近くの借家から鎌倉の借家――東京美術学校教授村田良策の持ち家――に戻る）

一九四〇　胃ガンのため死去　四十三歳。

北畠八穂（一九〇三〜一九八二）小説家・児童文学者。

「鎌倉三十八年」『鎌倉回顧』の文。「修学旅行以来の鎌倉へ来たのは、カリエスが再発して、紫外線の濃い日光と、澄んだ空気が入用になったからでした。昭和六年夏です。駅前で、息をつく思いで真向う山の緑を目にふかぶかと吸い、ここに住むのかと嬉しさが沸いたのをおぼえて居ます。／その時乗ったのが人力車、……由比ケ浜へ出、海浜ホテルの庭から入れば、大森義太郎さんが、午食後二時間の昼寝がいいですよ、松葉ごしの海の気がききますと、静かな早口で、ねんごろに言われました。」

今日出海（一九〇三〜一九八四）小説家 一九六八年文化庁初代長官。
「せめてものねがい」『鎌倉回顧』の文。「私が鎌倉へ越して来たのは、昭和六年の夏だったと記憶している。……私の最初の家のお隣りが評論家で、経済学者の故大森義太郎さんで、よく一緒に散歩したり、写真を撮りに方々へ出掛けた。大森さんは書くものはなかなか辛辣で、論理的で、よく調べた学者の鋭鋒は当時評判だったが、茶の間の大森さんは人がよく、弱気な位温良な人だった。よく語るが、また聞き上手で、絶えず氏の客間は人で賑わっていた。」

一九三七年七月二十五日から六日間、鎌倉ペンクラブ主催の夏季大学が御成小講堂で開かれた。大森も講師の一人となった。講演内容は八月十九日発売の雑誌『改造』の巻頭論文「飢ゆる日本」とほとんど同じだったが、同誌は発売と同時に発禁（正確には削除処分）となった。特高刑事だった海老原利蔵の話（『かまくら今昔抄』第二集）。「昭和十二年十二月十五日未明、由比ケ浜の六地蔵から西に路地を入った住宅地で、元帝大助教授の著述家大森義太郎が警視庁に逮捕された。また同じ頃、稲村ケ崎に住む社会民主主義運動の理論家山川均も身柄を拘束された。いずれも治安維持法違反の容疑だった。／……この朝、海老原は土地に不案内な警視庁、県警の刑事らを案内して、浜口雄幸首相が住んだことのある大森宅に行った。息子が新聞を取りに出てきた。後に新聞記者になった息子は『顔見知りの鎌倉署特高係刑事が多勢の人相の悪い男たちを案内してドヤドヤと入って来た』と書いている。そして『鎌倉署に留置された大森は、巡査から叩き上げた署長に好印象を与えたらしくコーヒーをご馳走になったり、布団の差し入れを許されるなどの特別待遇を受けた』と記した。（大森映『労農党の昭和史』平元）」／「……大森は東京の高輪署に護送された。海老原は高輪署に出向き安否を訊ねたりした。／後日大森は、高輪署の巡査から『お前は鎌倉の刑事さんに人気があるんだね』と言われたことを海老原に語っている。一斉検挙は報道統制された。記事解禁後の顔写真は極悪人のように修正されていた。大森は病気の悪化で仮出所後に釈放され、映画評論を書いて生活していたが、鎌倉に家を探し、昭和十五年に美術家村田良策（一八九五～一九七〇）の家作」に入り、東大付属病院で亡くなった。鎌倉での葬儀の委員長は大佛次郎が引き受けた。

［島木健作］

一九〇三～一九四五　小説家。

一九二六　東北帝大を中退、農民運動へ。治安警察法で検挙され罰金刑。

一九二八・二 検挙されそのまま三・一五事件に連座、治安維持法違反で起訴される。

一九三二・五 肺結核が重くなり仮釈放、文学創作の道へ。

一九三七　鎌倉雪ノ下に転居。転地療養のため。

一九三九　扇ガ谷四四一（現扇ガ谷三‐六‐一二）に転居。

小林秀雄（すぐ近くの扇ガ谷三‐七‐六に居住）・北畠八穂・中村光夫・高見順・川上喜久子・川端康成・津村秀夫・永井龍男・林房雄らの文士と交友。長編『再建』を中央公論社から刊行、十日ほどで発売禁止。

一九四一・十二・八 係の特高刑事により、一切の左翼関係出版物を持ち去られる。

一九四五・八・十七　鎌倉養生院（現清川病院）で死去。
墓は北鎌倉の五山第四位浄智寺。

島木健作全集十五巻（国書刊行会）に日記がある。
「昭和十八年三月九日　特高菊地氏来訪
四月二十五日　　特高菊地氏来訪」
（昭和十九年　記述なし）
「昭和二十年三月一日　鎌倉署の若林巡査なる人来る。はじめての人である。
三月七日　特高の平賀警部が来訪した。時局談をした。
四月六日　特高の若林巡査が来訪した。
二十三日　特高の平賀氏来訪す。」

何度も何度も特高刑事が来訪している。次に一九四五（昭和二十）年二月六日の記事。
「藤田親昌氏からハガキが来た。去月二十七日無事帰宅したと。同氏は昨年の丁度今頃、病中見舞を受けた。礼状を出したのだが、その後消息を聞かず、間もなく、某事件の嫌疑を受けてゐる由、伝聞したのであった。詳しいことは何も知らないが、無事帰宅との知らせに接し喜びにたへない。」

藤田親昌は中央公論社の編集長だったが、一九四四年一月戦時最大の冤罪事件「横浜事件」で逮捕された。一年後に不起訴となり自宅に戻った。「無事帰宅」とあるが、栄養失調でむくんだ体中は拷問により紫色に腫れ上がり、歯が一本も残っていなかった。

島木健作の死に関する高見順の日記。一九四五年八月十六日。「夜、川端家へ行った。……川端さんへ電話がかかって来た。電話から座敷へ戻って、／『島木君が危篤だそうです』／大急ぎでご飯を食べて、病院（鎌倉養生院）へ駆けつけた。ヒゲをぼうぼうと生やして寝台に横たわった島木君はすでに意識がなかった。眼は開いて、規則的に息をしている。哲人のような立派な顔だった。／……残念でたまらなかった。ここで島木君を失うことは、――これから仕事のやり直しだといったという島木君を中途で倒れさせることはなんとしてもたまらないことだった。」

十五日の敗戦の日、多くの人が呆然自失となった時に、島木は「これから仕事のやり直しだ」と未来へ向かう意欲を示したのだったが。

[長谷川如是閑]
一八七五〜一九六九　近代日本を代表するジャーナリスト・思想家。
一九〇八　「大阪朝日新聞」に入り、多数の民主主義的論説を発表。
一九三二　唯物論研究会幹事『日本ファシズム批判』発禁処分。
一九三三　共産党シンパ事件で検挙。政治的発言のトーンを落とさざるをえなくなった。戦時中も自由主義者・合理主義者として過ごした。
一九三九　鎌倉に住む。一九四五 鎌倉十二所（七六二）の光触寺傍らに移った。

[三枝博音]
一八九二〜一九六三　哲学者・科学史家。

一九三二　唯物論研究会創立、発起人の一人。
一九三三　検挙、一ヵ月拘禁。唯物論研究会脱会、鎌倉に引っ込む（山ノ内一七九）。
一九四六　鎌倉アカデミアを作り、教授から校長・学長。
一九六三　横浜市立大学学長在任中、横須賀線鶴見事故で死亡。墓は北鎌倉東慶寺。

［服部之総］

一九〇一～五六　歴史家。
一九二八　三・一五事件で検挙。
一九三二　唯物論研究会の創立に参加、幹事。『日本資本主義発達史講座』に執筆。
一九三三　共産党シンパ事件で検挙。

一九三八　（講座派に対する）唯研事件で検挙、戦時下での執筆を断念。
一九四四　鎌倉に住む。笛田一五八六（鎌倉山旭ヶ丘）。
一九四六　鎌倉アカデミア創立、教授。

［高見 順］
一九〇七～一九六五　小説家・詩人。
一九三〇　東大英文科卒業後、プロレタリア文学に接近。
一九三二　治安維持法違反（容疑は作家同盟）により検挙、徹底的拷問を受ける。転向。
一九三三　一年間の起訴留保処分で釈放。
一九四一　一月から日記を書き始め、一九六五年八月の死の直前まで書き続けた。
一九四三　北鎌倉善応寺谷戸（山ノ内六三三）に、東京大森から疎開のため転居。
一九四五　貸本屋鎌倉文庫（生計のため鎌倉の文士たちが蔵書を出し合う）開店。番頭役を勤める。

墓は北鎌倉東慶寺。

特高刑事が自宅に来たことを、一九四三年十二月二十九日の日記で既に見た。一九四五年一月八日には次のように書いた。自宅に来た文藝春秋社員石井英之助との会話からである。

「日記のことに話が及ぶ。石井君も日記をつけておきたいのだが、いつどんなことから家宅捜索をうけるかもしれず、その際日記が材料になって罪をうけるということになると困るとおもい、つけられないでいるという。／この日記も気をつけないといけない。」

特高警察に監視されている高見にとって、日記の危険度は高かったろう。しかし彼は書き続けた。

一月二十三日「留守中に、家に鎌倉署の特高係が来たと母が言った。」

その後、在宅中にまた特高が来たかどうかの記載はない。

四月十一日（川端康成宅訪問）「久米さんが、やあどうもと言って現れた。貸出図書館をはじめるについて久米さんにあらかじめ警察の特高へ許可を得に行って貰うことにしてあったが、『この間行ったら特高に誰もいなくて……』という久米さんの話だった。」

貸本屋を開くことにまで特高は権限をふるっていたのか。一九四五年よりずっと前の事になるが、前記の海老原利蔵の話によると、一九二八年四月に四十二名となった鎌倉ペンクラブの会員名簿は特高二課（右翼関係）の海老原などにも送られていた。

五月十八日「いつの世だって自由にものが書けるという時があったろうとは思えない。あっても、ほんのわずかな時だったろうと思う。いつの世の作家も、不自由をかこたないで書き得たというのはないだろう。が——。／私ははじめから戦々兢々とした状態でしか書き得なかった。これが生涯続くのであろうか。／（中略）ああ、己れを吐露した仕事がしたい。否、せねばならぬ。」

七月二十八日「鎌倉文化聯盟が今日で解散したと吉野氏〈註＝吉野秀雄〉がいう。聯盟員の意志ではない。義勇隊の組織とともに、こういう団体の解散を命ぜられたのだ。思想結社として新たに届出をすれば、存続してもいいという警察の話だそうだが、そんな届出するとどんな取締をされるか。今でさえ、なにかとうるさい。憲兵がしょっちゅう調べにくる。〈憲兵といえば、文庫へもしょっちゅうやってくる。会員名簿をしらべたり、出本者の名をしらべたり、どうしてこう、うるさく取締まらねばならぬのか。〉思想結社の届出をしたらどんなにうるさくなるかわからんというので、解散することにしたのだという。日本人のため、ひいては国のためになることを何かしようとすると、犯罪人のように眼を光らせる。結局なんにもしないで、利己的な無関心な態度でおれば、無事なわけである。こんな『政治』をしておいて一方で愛国心を要求する。」

次の数件の記述は鎌倉でのことではないが、鎌倉でも同様であったろう。

八月十一日「対ソ戦に関する会話、原子爆弾に関する会話を、外ではひとつも聞かなかった。日本はどうなるのか——そういった会話は、憲兵等の耳を恐れて、外ではしないのが普通かもしれないが、外でしたってかまわないはずの対ソ戦や新爆弾の話も遂にひとことも聞かなかった。民衆は黙して語らない。／大変な訓練のされ方、そういうことがしみじみと感じられる。」

八月十四日（銀座のエビスビアホールで）「客はようやくふえた。酩酊したのもいる。声高にみな喋っている。けれど、日本の運命について語っているものはない。さような言葉は聞かれなかった。そういう私たちも、たとえ酔ってもそういう言葉を慎んでいる。／まことに徹底した恐怖政治だ。警察政治、憲兵政治が実によく徹底している。――東条首相時代の憲兵政治からこうなったのだ。」

八月二十九日「言論出版集会結社等がだんだん自由になってくるようだ。心が明るくなる。思えば中世だった。暗黒政治だった。恐怖政治だった。――しかし真の自由はやはり与えられないだろう。」

九月二十一日「大森君〈註＝大森直道〉等がながい拘留から釈放された。『こっちも、もう何も言わない。だからお前の方も何も言うな』そう言われて出されたという。憤りを覚える。何の具体的な犯罪行為もないのに検挙しておいてその言い草はなんたることだ。」

十月一日「三木清が獄死した。殺されたのだ！」

十月六日「特高警察の廃止、――胸がすーッとした。暗雲がはれた想い。しかし、これをどうして聯合軍司令部の指令をまたずしてみずからの手でやれなかったか。――恥ずかしい。これが自らの手でなされたものだったら、喜びはもっと深く、喜びの底にまだもだしているこんな恥辱感はなかったろうに。」

[キク・ヤマタ／コンラッド・メイリ Conrad Meili]

キク・ヤマタ　一八九七〜一九七五　リヨン領事の外交官山田忠澄とマルグリットの間にリヨンで生まれる。日本で進学、就職後、一九二三パリに移る。

コンラッド・メイリ　一八七五〜一九六九　チューリッヒ生まれ　スイス国籍の画家。パリで活動。

一九三一　キクとメイリ、結婚。

一九三九　国際文化振興会などの招きで夫妻来日。第二次世界大戦勃発のため、パリに帰れなくなる。

キクの妹花が結婚して住んでいた鎌倉材木座に住み、後に現長谷二丁目の借家へ。

キクは執筆や講演、メイリは絵画を教える。

一九四一　アジア太平洋戦争、メイリは中立国スイス国籍であったため抑留されず。しかし戦闘帽・ゲートル姿の特高刑事二人組がほとんど毎日来訪。

一九四三　十一月十日。夫妻共に特高に連行される。メイリは鎌倉署で四十日間激しい拷問につぐ拷問を受けた。キクは横浜臨港署に三カ月間拘留され（外事課担当）、寒さのため結核性リンパ腺腫におかされた。

取り調べの主目的は「スパイ活動」（フランス大使館の「反日陰謀」から国際的スパイ事件をつくりあげようとしたことも推測される。「防諜」のみせしめともいわれる）。釈放後も特高の監視は続き、自宅からよそへ出歩くことも禁止された。

一九四五　日本の敗戦とともに、スイス公使館を通じて日本外務省に賠償を請求。うやむやにされる。

一九四九　夫妻スイスへ帰国。

父母山田忠澄とマルグリットの墓は、五山第三位壽福寺。

［西田幾多郎］

一八七〇～一九四五　哲学者。「西田哲学」とよばれる近代日本独自の哲学を樹立。号は寸心。

一九三三年から鎌倉姥ケ谷に夏冬居住。墓は北鎌倉東慶寺、岩波茂雄の墓の並び。

『戦争と鎌倉人』（一九九六）掲載平田恵美「鎌倉と西田幾多郎」より引用。

「日本が『大東亜共栄圏』というイデオロギーの虜となり、犠牲の上に犠牲を重ねて無謀な戦争へ突き進んでいたとき、すでに高名な哲学者となっていた西田のまわりには、彼の影響力を求めて、時局肯定の方向へ利用する動きもあった。しかし、西田にとって、東洋の平和は西洋的な武力で達成できるものではなかった。（中略）（西田家へ上がる）階段の下には特高が見張っていて怖かったという話を、のちになって西田琴さんと同居した橋本恭子さんが聞いている。」
（七里ガ浜に歌碑「七里浜夕日漂ふ波の上に伊豆の山々果し知らずも」）

〔小林　勇〕

一九〇三～八一　出版者・編集者・随筆家・画家・号冬青。墓は北鎌倉東慶寺。
一九二〇　岩波書店入店。
一九三二　岩波茂雄の次女小百合と結婚。名越の岩波の家に住む。
一九四〇　岩波に家を建ててもらい扇ガ谷（現一‐一一‐四）に転居。冬青庵。終の住処。
一九四五　横浜事件の容疑で検挙される

以下に三つの著作から引用する。それぞれ文頭にＡＢＣの記号をつける。また（　）内は引用者による注である。Ａ『惜櫟荘主人――もう一つの岩波茂雄伝』、Ｂ『一本の道』、

C『山中独膳』（一九七一）。

A 私はその日（一九四五年五月八日）は、夕方早く北海道大学の中谷宇吉郎（物理学者、雪と氷の研究家）を誘って帰った。その夜遅くまで二人で酒をのみながら絵をかいた。翌九日の朝早く、横浜地方裁判所検事局の山根検事の拘引状をもった特高五人と鎌倉署の特高一人とが来て、治安維持法違反の容疑者として検挙された。改造社、中央公論社はすでにつぶされており、岩波書店はいつもにらまれていたが、私は何故検挙されたか原因がわからないままに連れてゆかれたのだ。その朝、特高たちは私の家をかきまわし、つまらない書類や本を押収した。私の連れてゆかれたのは横浜東神奈川署であった。

B 一服する間もなく私は、道場に連れてゆかれた。そして彼らは物もいわずにいきなり竹刀でなぐった。（中略）夕方、私はぼろきれのようになって留置所に投げ込まれた。房には先客が十人以上いた。（中略）なぐられた体が痛く、苦しくて、起きてはいられなかった。凄い顔をした先輩が居った。その男が私を治安維持法違反の被疑者と知ると、忽ち周りの連中を叱り飛ばして、私を寝かして、体を静かにさすり出した。そして「いいわいいわ、そのうちアメリカさんがかたきを打ってくれるわ」といった。／翌日から毎日引出されて、せめられた。／（中略）五月一杯苦しい日々がつづいた。（中略）

五月二十九日にはB29百機以上が横浜を襲った。東神奈川署は、鉄筋コンクリート建で、がっしりしていた。空襲が始って、間もなく周囲は火の海になってしまった。留置人を逃しても、もう外に出られない状態だった。そのうち窓から火が入るといって騒ぎ出し、留置人たちもかり出されて火消しに従事した。しかし私と、同室の重要犯罪者は手を縛られて、廊下の隅におかれた。煙で苦しくて困った。

C

警察の食い物が悪いということは昔から相場が決まっていた。まして戦争末期に「悪いことをしたやつら」に食わせるものなど、普通のものを、与える必要はないというのは、彼らとしては当然の考えであっただろう。それでもぼくがいった当時は、朝は実のない味噌汁に、麦飯の握飯が二個、昼も漬物と握飯二個、晩も同じようなものが出た。握飯二個というとよさそうにきこえるが、握拳より小さいものだ。何しろはげちょろで欠けた汁椀に入ってしまうのだから、米にしたら五、六勺というところだろう。腹がへっているから、それをがつがつ食った。お握りには塩がついていた。／そのうちに味噌汁がついて来ないようになって、代りに水が出た。そろそろ暑くなるはずなのに、その年はいつまでも涼しかった。ぼくが入ったころは虱の繁殖期で、取調べのないときは、熱心に皆で取った。ともかくひどい不潔さで、とうてい人間の住むところではない。十畳くらいの一つの房に、多いときには、二十人くらい入れられていた。夜になると蚊がわんわん出て来た。／（五月二十九日の横浜大空襲）以来食物はいよいよ少なくなり、粗悪になった。麦の代りに大豆になった。そのうち米より大豆の方が多くなり、やがて椀一杯の大豆だけになった。留置人の多くは、短期間で釈放されるから三、四日ろくに食わなくても生命に別条はないが、長滞在の者は、それだけ食っていたのでは参ってしまう。ぼくは鎌倉にいた義母からたまたま差入れがあったので助かった。／二カ月ぐらいのうちにぼくはおよそ二、三貫目やせたと思う。（中略）ともかく差入れで生命を細々とつなぎながら取調べに堪えていた。そのころのいわゆる思想犯は、留置場に半年くらいはおかれたから、差入れをしてくれる人がなかったら、飢餓に陥り、病気になり、死んでしまう。三木清（哲学者）がその悲しい実例である。三木清は病死したことになっている。なるほど誰かが直接手を下して殺しはしない。けれども飢餓から体力が弱り、死んだのだから、立派な殺人だ。ぼくは三木清を助ける人のなかったことを恨む。

B

七月一杯休んでいた取調べが、八月になってまた始まった。今度も拷問がつゞいた。夕方になって私がへとへとになり、よろめいて帰って来ると（中略）／三、四日頃、あいかわらずやられている時、検事が私に会いに来たと報せがあった。（中略）（検事が一通の）封書を渡した。（幸田）露伴が私に宛てた手紙であった。／「その後如何。足下が拘禁せられし由をきゝて後、日夕憂慮に堪へず、然れども病衰の老身、これを何ともする能はず、ただ誠にわが無力のこれを助くるなきを愧づるのみ。たゞ、今の時に当りては足下が厄に堪へ、天を信じて道に拠り、自ら屈し、みづから傷むことなきをねがふのみ。おもふに我が知る限り足下が為す処、邦家の忌避にふるゝことなきを信ず。まさに遠からずして疑惑おのづから消え、釈放の運に至るべきを思ふ。浮雲一旦天半を去れば水色山光旧によつて明かなる如くなる

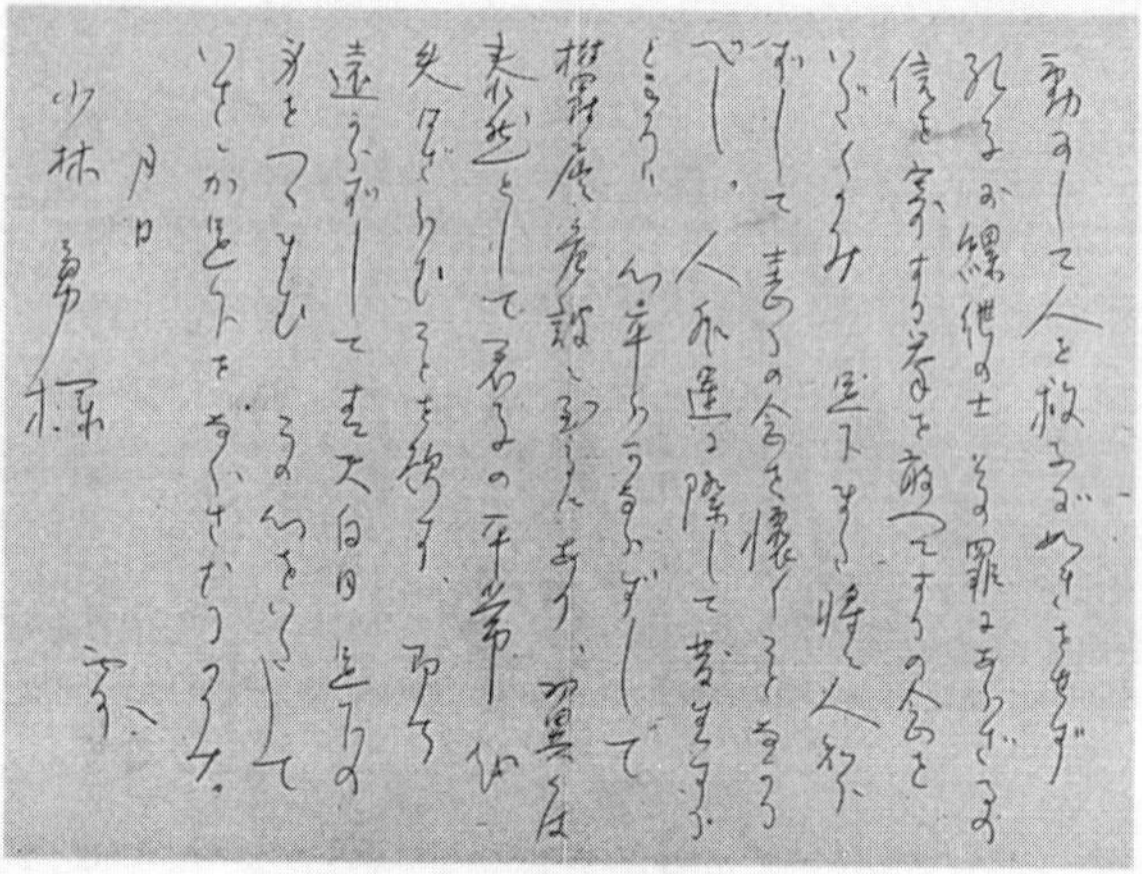

露伴から小林勇への手紙（部分）。病床の露伴の口述を娘・文が筆記した。
（『鎌倉文学の理想郷』〈神奈川県立近代文学館〉より。小林家遺族所蔵）

べし。なまじひに散宜生の援護の手を動かして人を救ふが如きをせず、孔子が縲絏の士その罪にあらざるの信を寄する挙を敢へてするの念をいだくのみ。足下また将に人知らずして恚るの念を懐くことなかるべし。人悲運に際して発生するところは、心平らかならずして鬱屈危詖に至るにあり、冀くは泰然として君子の平常を失はざらむことを欲す、即ち遠からずして青天白日足下の身をつゝまむ、この心をいたしていささか足下をなぐさむるのみ。

露

小林勇様」

B

殺されもせず八月に十五日が来た。私は正午に重大放送があるときいて、それでは敗戦が決定したのだろうと思っていた。（中略）／正午前留置人は皆引出されて、講堂に署員と一緒に集められた。私は一人残されて森閑とした留置所の中で、遠くから聞える天皇の声を聞いた。／それがすむと、留置人は私を除いて全部釈放された。その時私は孤独を感じた。看取たちも私だけが残されたのをいぶかしんだ。（中略）／私はたった一人の留置人となって、監房に昼もぼろ布団を敷いて寝ていた。警察はかくしておいた物資を署員に配給するのでてんやわんやだった。空地で書類を焼いている。（中略）／二週間たった八月二十九日に私は釈放された。「拘留に及ばず」というのであった。（十二貫＝四十五キログラムになっていた）。夕方になって、（中略）あえぎあえぎ鎌倉の家へ帰った。

B

鎌倉の晩夏初秋は美しかった。「豚箱」の生活から解放されて見ると凡てのものは清純でこんなによかったのかと考えるほどであった。戦争の終った喜びが街に漂っていた。（中略）私は一人、鎌倉で専ら体力の恢復に努めていた。

小林勇は、一九七四年一月から十二月の「信濃毎日新聞」に随筆風の自伝「一本の道」

を連載した。その一説を引用する。

「昭和二十年私が横浜に拘引されたのは、いわゆる『横浜事件』の一環と考えられている。即ち改造社、中央公論社に続いて岩波書店を取りつぶそうという陰謀であった。「横浜事件」では拷問によって二人も死んだ。戦争の終るまで拘置されていた二十余人の「被疑者」たちは、警察で拷問した特高たちを起訴した。私にもその仲間に入れという勧誘があった。しかし私はそれを断った。拷問は確かにひどかった。けれども彼ら特高などは、拳骨のようなものであって、拷問をさせたのは誰だ。治安維持法を作ったのは誰だ。その根源を退治しなくては拳骨をなぐり返して見ても意味がない。しかも、自分達をひどい目に会わせた司法の手に、その仲間のことを訴える。それは矛盾ではないか。そして俺は今、一分の時間も惜しんで働かねばならない。こう考えたのだった。」

［岩波茂雄］

一八八一〜一九四六　出版人。小林勇の義父。墓は（北鎌倉）東慶寺。

一九二三年大町名越に自宅を入手。出版に関し、いろいろ弾圧を受けた。一九四〇年、古代史学者津田左右吉（一八七三〜一九六一）の記紀研究の著作が発売禁止とされ、出版法第二十六条により、津田・岩波とも起訴された。一九四二年五月、いずれも有罪判決、一九四四年免訴。一九四三年には出版統制で出版物は次々に断裁処分、あるいは発売禁止処分とされた。その合計は百三十点以上に及んだ。

［大佛次郎］

一八九七〜一九七三　文学者。本名野尻清彦。墓は五山第三位壽福寺（扇ガ谷）。

一九一八　東京帝国大学法科大学政治学科入学。入学早々大正デモクラシーの洗礼を受ける。

一九二一　大学卒業 鎌倉の大仏裏に住む。鎌倉高等女学校教員。

一九二三　関東大震災を機に文筆活動に専念。

一九二九　鎌倉雪ノ下に新居を建て、亡くなるまで住む（戦後、道路向い側に購入した茶邸は鎌倉風致保存会の保存建造物第一号に指定)。

大佛次郎は創作した鞍馬天狗のように徹底した個人主義・自由主義者だった。国家による言論弾圧と思想統制に対して積極的に反発し、抵抗した。一方で中国戦線への従軍体験での、戦場における兵士との一体感は、戦争肯定への道を開いた。大佛は国民とともに戦った。(小川和也『大佛次郎の「大東亜戦争」』)

大佛は戦時中の一九四四年九月十日より一九四五年十月十日まで日記を書いた。戦後五十年にあたる一九九五年に『大佛次郎 敗戦日記』として刊行された。それを見ると彼の周りには朝日新聞の門田勲や岸克巳、東京新聞の木原清などの記者がいて多くの情報を得ていた。戦争協力者と見なされ、自由に振る舞っていたように見える大佛でも権力からは危険視され、監視の目はあった。親交していた横浜のフランス領事館員高山秀一は特高に監視されていた。一月二十六日 外事課の若い刑事が人心の動向を尋ねに来た。大佛は「返事の難しい質問」としている。間接的な思想調査かとも思われる。六月十七日にも、「警察の特高の人が訪ねて来る。勝つと思うか負けると思うか、露西亜とはどうすればよいか、重慶延安とは如何と云うような質問である。」
「二月二十日　みか子（姪）と水谷準に手紙書く。前にみか子に出せし分、開封後検閲しありたりと兄（星の研究家野尻抱影）より云い来たる。」

二〇〇九年八月十一日神奈川新聞読者のページ（投書欄）に葉山町平岡増雄八十一歳の文が掲載された。「八月十五日が近づくと、いつも昔のことを思い出す。戦時中、旧制中学の学徒動員で、横須賀郵便局の『検閲課』に配属された。勤務するのは女性二人と私たち学生三人、それに憲兵が二人いた。（中略）（手紙の）文面に反戦思想などがあれば、その部分をハサミで切り取り、再び封をして発送する。いま考えると、人権侵害も甚だしいことを国が私たち学生にさせていたのだ。作家の大仏次郎さんらについては、名指しで、特に注意するよう言い渡された。」

日記の七月二十六日「門田君（朝日新聞横浜支局長）入って来る。話していると警察の特高課の者が誰れか珍しい人が来ましたからと顔を出す。来客中だと云うと由比正雪があったら借りたいという。ああ云う本まで危険に見え出したのだろうか。」

戦後の記事二件を挙げる。

「九月二十七日　十一時少し過ぎ殿下（東久邇首相）に会い治安警察法その他の法令の廃止、暴力行為の厳重取締につき進言。（中略）アメリカから云って来る前に果断にやって貰いたいのだが今の内閣の腰抜けでは心もとなし。」

「十月八日　中央公論改造の廃刊事件（横浜事件）が始めて正当に発表せられた。時局の急変と同時に予審判事が示談を申入れたというのだからいよいよ奇怪だし意図の卑劣さを示している。しかし当時の特高課長がこの手柄に依って鳥取かの警察部長に栄転した事実を何と見たらよいのか。官吏の世界とは不思議なものである。」

［林 房雄］

一九〇三〜七五　小説家・評論家。本名後藤寿雄。墓は鎌倉宅間谷の報国寺。

一九二三　メーデーに初めて参加し、神田署に留置。
一九二六　治安維持法の最初の発動による京大事件の被告の一人として、京都の未決監に送られ、九月出獄。
一九二九　日本プロレタリア作家同盟に参加。
一九三〇　共産党シンパ事件で検挙。京大事件に連座して刑期二年を宣告され下獄。
一九三二　出獄、名越の上森子鐵宅で静養。
一九三四　刑期一年で静岡刑務所に下獄。～三五・一一
一九三六　鎌倉　浄明寺五一四に居住（政友会長老小泉策太郎――三申――の庇護を受け、小泉の世話による）。
一九三六　プロレタリア文学廃業を宣言、右翼・超国家主義作家に転向。
一九四六　超国家主義者としてG項追放。
一九六三～六四　「大東亜戦争肯定論」発表。

日本経済新聞一九六八年三月掲載「私の履歴書」から引用する。

「八月九日の『高見順日記』には私が自転車に乗って『鎌倉文庫』（当時鎌倉文士が八幡前に開いていた貸本屋）にかけつけて来て、／『えらいことになった。戦争はもうおしまいだ。ソ連が宣戦布告した、……警察から電話がかかって来て——警察の奴、ハッハッハと笑っていた』と言い、また自転車で久米正雄の家の方に行ったという一節がある。そんなこともあったにちがいないが、記憶はない。／警察にはE君という人のいい特高刑事がいた。もとは左翼係だったが、私が右翼に転向したころ右翼係になって『またあなたを受け持つことになりました。どうぞよろしく』とあいさつに来た。そんな十年以上のつきあいだったから、電話で知らせてくれたのかもしれない。」

E刑事とは前に出て来た海老原利蔵のことであろうか。

憲兵の恐ろしさ

◎吉野秀雄宅への憲兵の来訪

吉野秀雄　一九〇二〜六七　歌人。墓所は瑞泉寺。

一九〇二　群馬県高崎市に生まれる。生家は絹織物問屋、呉服店。

一九二五　肺尖カタルのため七里ガ浜の鈴木療養所に転地。長谷光則寺近くに家を借り、妻はつ子と住む。

一九三一　小町に転居（現二－一八－九）、永住する。

一九四六　鎌倉アカデミアの教授に就任。

吉野秀雄の日記は『艸心堂日記』といい、一九四五年五月二十四日から八月三十一日までの部分が活字化されている。

七月十三日　鎌倉憲兵分遣隊の天橋和三郎といふ軍曹来る。文化連盟のこと訊ねらる。

十四日　横須賀憲兵隊の海野清正といふ曹長来る。連盟のことにて質問をうく。
十八日　室矢、木村准尉、海野曹長来る。
二十日　憲兵海野氏来り。田中（吉備彦、歌友）の基督教思想につき質問をうく。
　同君へ電話にて話す。

　吉野自身が何かの嫌疑を受けているようではないが、友人のキリスト教思想についてや、鎌倉文化連盟についての質問を四日も受けている。鎌倉文化連盟は一九四二年に大政翼賛会の支部として結成された。久米正雄や大佛次郎が中心にいたようである。一九四三年八月には源実朝の生誕七百五十年を記念し各派合同の句会を開き、実朝忌を新季題とすることを決めたり、国宝館正面入り口脇に実朝の歌碑を建てたりした。一九四五年二月には理事長里見、副理事長大佛・吉野、事務局長山田雨雷（俳人）。解散のいきさつについてはわからないが、七月二十八日八幡宮社務所に吉野ら八人が集まり、最後の理事会として解散を決めた。吉野は「時世の然らしむるところとはいへ実にかなしき結末を告げたり」と書いた（P．173参照）。

その他の自由抑圧事項

一九三七　三浦半島が要塞地帯となり、カメラの持ち歩き禁止。

一九四一・三　防諜強化のため、鎌倉同人会発行の鎌倉地形図三千部を鎌倉警察署が押収（鎌倉同人会は鎌倉に別荘を持つ知名士の組織。地形図は現在復刻販売されている）。

一九四一・七　海軍省、東京湾要塞地帯第二区地帯標、第四十五号を北鎌倉駅前道路際、第二号を飯島ヶ崎の道路際に設置（いずれも現存。写真撮影やスケッチなど制限される）。

◎朝比奈宗泉

一九二三年生まれ、後に五山第四位浄智寺住職。『今日、一途に』（二〇〇三）。

北鎌倉の五山第四位浄智寺住職朝比奈宗源の長男として生まれた宗泉は、一九三六年に中学に進んだ。ラジオの組み立てを覚え、いつの間にか短波受信機まで作れるようになり、海外からの放送を聞くこともできた。その頃は外国の短波放送を聞くことは国禁を犯すスパイ行為として、軍の監視も厳しかった。宗泉の留守中に突然ラジオ技術の関係者三人が、部屋を見せてほしいとやって来た。応対に当たった母は機転をきかせて、ラジオ機材を天上裏へ隠した。そのおかげで機材は発見されず、なんの咎めも受けずにすんだ。もし見つかっていたら刑務所行きだったかもしれず、スパイ容疑をかけられたら万事休すだった。捜査に来た三人が警察関係か憲兵かはわからないが、海外放送を聞く自由はなかった。

在日外国人

中立国スイス国籍であった画家C・メイリへの迫害を既に見た。戦時中、日本の敵国となりながら在留し続けた外国人がどのような扱いを受けたかについては、小宮まゆみ『敵国人抑留』（吉川弘文館 二〇〇九）に詳しい。同書に触れられていない鎌倉在住のイギリス老婦人について書いておきたい。

戦後間もなくまで、材木座四八五（現五-一〇）にモリソン屋敷といわれた別荘群があった。イギリス・グラスゴー出身で幕末に来日し、一八八五年に横浜で独立しモリソン商会（横浜四八番）を経営したJ・P・モリソン（一八四四～一九三一）の自家用別荘と八軒のコテージ風貸別荘であった。モリソンはノーベル社製のダイナマイト取り扱いで業績を伸ばし、一九〇二年頃、材木座に三千三十坪（約一万平方メートル）の土地を入手、外国人用の貸別荘とした。一九三一年モリソンは亡くなったが、夫人イサベラ・ミルトン・モリソン（一八六一～一九四五）はモリソン屋敷に住み続けた。

しかし戦争が激化するにつれて八十歳を越えた老女性まで警察の監視を受けるようになった。一九四四年五月、政府は関東一円の外国人を箱根に移住させ始めた。中立国のスイスを通じて連合国側には「関東地区では箱根地区を非戦闘地区に指定する」と通告した。箱根に移った外国人は千五百人に達した。

イサベラ・ミルトンも箱根の収容所に移され、甥のブルースと共に栄養障害で亡くなったという。夫人は、ダイナマイト輸入などで日本の鉱山業や建設業に貢献してきたのに、なぜこのようなひどいことになったのかと嘆いたことがあったという。

モリソン屋敷は今は跡形もないが、赤レンガ造りの門柱の片側だけが補修されて残されている。

現在は

鎌倉文士といわれた人たちの記録を中心に、治安維持法違反とされた人々にどのようなことがあったかを見て来た。引用が多く、資料集のようなことになってしまったが。

あのような暗黒時代が再来することを許してはならないが、その危惧はないだろうか。巷には監視カメラがあふれている。陸上自衛隊の情報保全隊が、イラク派遣反対運動の参加者を監視して個人情報を集めた。二〇一二年三月十二日の仙台地裁判決はそれを「人格権を侵害し違法」と判断した。二〇一三年五月十三日、控訴審の口頭弁論が仙台高裁であった。陸自の情報収集の責任者だった情報保全隊の元隊長が証人尋問でどのような行為が情報収集の対象になりうるかについて目安を示したという。朝日新聞五月十四日によると、

・成人式の会場で憲法の前文と九条のビラを配布

・スーパーの前で反戦歌
・核兵器廃絶の署名運動
・プロレタリア作家の展示会
・春闘での街頭宣伝活動

また、一般市民も情報収集の対象になる可能性があることを認めた。

このような情報収集は、公安警察・公安調査庁・自衛隊などにより行われ続けているのだろう。国会では共通番号制度法（マイナンバー法）が二〇一三年五月二十四日に参議院で可決成立した。個人の思想信条にかかわる情報等が集積されてしまい、プライバシー侵害などの不安もある。「特定秘密保護法案」の国会提出も予定されている。

自由を抑圧された過去を忘れてしまうことはできない。

おわりに

私は一九四〇年（昭和十五）に東京京橋（現中央区）で生まれた。一九四五年五月の空襲で家を焼かれ失った。ただしその時はまだ満五歳にもなっておらず、疎開中でもあり、空襲の記憶はほとんどない。神奈川県立高校の教員となった私は、一九七一年、横浜平沼高校に転勤し、「横浜の空襲を記録する会」の存在を知り参加した。同会と横浜市とで担当した「横浜の空襲と戦災」の編集にも参加させていただいた。それ以来空襲の調査研究を細々と続けてきた。一方逗子高校などでコミュニティスクールという社会教育の機会を得、鎌倉や神奈川県の歴史を原始から近代まで市民の方々へ語り、退職後十年間も一緒に学び続けることができた。この二つの会から多くのことを学び、本書の骨格をつくることができたことは、感謝にたえない。

現在の日本は、戦争をすることはできるのだろうか。戦時中から一九四五年の敗戦後数年の食料不足による飢餓はひどいものだった。食糧自給率四〇パーセントを切ってしまった今、戦争により輸入が困難になったら、どういう事態を招くのか。もし原子力発電所が攻撃破壊されて、放射性物質が西風に乗って日本列島を覆うことになったら、どこへ逃げたらよいのだろうか。

こんな杞憂を持つ者がいては戦争を起こしにくい。戦争をできるようにするためには、戦争への疑問の声を挙げさせてはならない、一切の言論の自由はない方が都合よい。形を変えた治安維持法が作られることを心配している。

共働きの忙しい中、時には家事育児の手抜きをしても調査研究に時間を割くことを認め、なお励ましてくれた妻明子に感謝している。

二〇一三年九月

著者

主な参考資料（刊行順。刊行年は奥付の記載による）

『神奈川県警察史』神奈川警察本部　一九七二年
『鎌倉教育史』鎌倉市教育委員会　一九七四年
『横浜の空襲と戦災』横浜市　横浜の空襲を記録する会　一九七六～一九七七年
『解放のいしずえ』第一回神奈川県解放戦士顕彰会　一九八三年
『図説鎌倉年表』鎌倉市　一九八九年
『鎌倉市史 近代資料編第二』鎌倉市　一九九〇年
『鎌倉市史 近代通史編』鎌倉市　一九九四年
『京都に原爆を投下せよ ウォーナー伝説の真実』吉田守男　角川書店　一九九五年
『回想 戦争と鎌倉人』戦争体験記出版委員会　一九九六年
『かまくらの女性史』鎌倉市　二〇〇四～二〇〇九年
『鎌倉・太平洋戦争の痕跡』鎌倉市中央図書館近代史資料収集室 ＣＰＣの会　二〇〇四年
『鎌倉今昔抄60話』清田昌弘　一～三集　二〇〇七～二〇一三年
『鎌倉近現代史年表稿』小坂宣雄　二〇一〇年
『神奈川県の治安維持法犠牲者―その足跡と名簿―』冨矢信男　二〇一〇年

石井　喬（いしい・たかし）

一九四〇年生まれ。東京教育大学文学部史学科卒。神奈川県立横浜平沼高等学校、逗子高等学校などで教員を務める。横浜の空襲を記録する会会員。神奈川地域史研究会会員。

著書に『鎌倉に異国を歩く』（大月書店）、『図説鎌倉歴史散歩』（共著、河出書房新社）、『郷土神奈川の歴史』（共著、ぎょうせい）、『神奈川県謎解き散歩』（共著、中経出版）ほか。

一九四五年
鎌倉と米軍機による空襲

著　者　石井喬
発行者　田中愛子
発行所　かまくら春秋社
出版事業部
鎌倉市小町二―一四―七
電話〇四六七（二五）二八六四
印　刷　モリモト印刷
平成二十五年十月二十五日　発行

ISBN978-4-7740-0609-3 C0095